Werner Müller

DIE SCHWERE FLAK
1933 — 1945

— 8,8 cm, 10,5 cm, 12,8 cm, 15 cm —

mit den
Ortungs- und Feuerleitgeräten

DÖRFLER
ZEITGESCHICHTE

Quellen:

Texte:

„Deutsche Artillerie 1934 bis 1945",
Engelmann – Scheibert, C. A. Starke-Verlag
„FLAK", H. A. Koch, Podzun-Pallas-Verlag,
„Die deutschen Geschütze 1939 bis 1945",
Senger – Etterlin, Lehmanns-Verlag,
„Deutsche Flugabwehr im 20. Jahrhundert",
O. W. v. Renz, Mittler-Verlag,
„Deutsche Artilleriewaffen im Zweiten Weltkrieg",
J. Hogg, Motorbuch-Verlag,
Luftwaffendienstvorschriften (L. Dv.)

Bilder:

Bundesarchiv Koblenz (BA)
„Deutsche Artillerie 1934 bis 1945",
Engelmann – Scheibert, C. A. Starke -Verlag,
„Die deutsche Luftwaffe 1939 bis 1945",
A. Galland, K. Ries, R. Ahnert, Podzun-Pallas-Verlag,
„Deutsche Flugabwehr im 20. Jahrhundert",
Archiv Podzun-Pallas-Verlag
Luftwaffendienstvorschriften (L. Dv.)
Privatarchiv W. Müller

Genehmigte Lizenzausgabe für „Edition Dörfler" im
Nebel Verlag GmbH, Utting

ISBN 3-89555-302-6

1 2 3 4 5 4 3 2 1 0

INHALT

Nach 1918 waren die "Fahrabteilungen", das war die Tarnbezeichnung für die damals verbotenen Flaktruppen, mit der 7,5 cm Flak L/60 ausgerüstet. (Bild oben) Diese Geschütze zog man jedoch nach der Entwicklung der 8,8 cm Flak 18 aus der Truppe zurück und verkaufte sie ans Ausland.

8,8 cm FLAK 18, 36, 37

Durch den Einsatz von Kampfflugzeugen im Krieg mußten notwendigerweise auch Abwehrwaffen dagegen entwickelt werden. Bis zum Ende des Zweiten Weltkrieges waren an schweren Flakwaffen im Einsatz: Die 8,8 cm Flak; 10,5 cm Flak und die 12,8 cm Flak. Eine 15 cm Flak bestand nur als Prototyp und kam nicht in den Serienbau.

Nach dem Ersten Weltkrieg waren dem deutschen Heer alle bis dahin entwickelten Flak-Waffen und die dazugehörigen Feuerleitgeräte verboten. Nachdem dem Deutschen Reich 1932 durch die Genfer Abrüstungskonferenz die Gleichberechtigung zu anderen souveränen Staaten zuerkannt worden war, konnte offiziell mit dem Aufbau einer Flugabwehrtruppe innerhalb des Heeres begonnen werden. Schon 1933 wurden die bis dahin eingeführten 7,5 cm Flak L/60 nach und nach durch die 8,8 cm FLAK 18 ersetzt. Hier wurde die Modellbezeichnung "18" all den Waffen als Tarnbezeichnung zugeteilt, die nach der Rüstungsbeschränkung 1920 entwickelt worden waren.
Bis zur Einführung der allgemeinen Wehrpflicht 1935 verlief der Aufbau und die Ausbildung unter der Tarnbezeichnung "Fahrabteilung" innerhalb des Heeres. Erst zu diesem Zeitpunkt wurde die Flak aus dem Heeresverband gelöst und der neu gebildeten Luftwaffe zugeordnet. Im November 1935 bekamen die Verbände die blaugraue Uniform der Luftwaffe mit der roten Waffenfarbe der Artillerie für ihre Kragenspiegel.

Von allen Flak-Waffen war im Zweiten Weltkrieg die 8,8 cm Flak wohl die Waffe, die beim Gegner zu Land und in der Luft gefürchtet, bei der eigenen Truppe oft sehnlichst zur Unterstützung im Erdkampf, zur Abwehr von Panzern und bei der Bekämpfung von Bunkern herbeigewünscht wurde.

Die Pivot-Lafette der 8,8 cm FLAK 18 stand mit einer achteckigen Plattform auf den Auslegern. Diese säulenförmige Lafette ermöglichte ein Höhenrichtfeld von - 5 Grad bis + 85 Grad und ein unbegrenztes Seitenrichtfeld. Das Rohr bestand aus einem Mantelrohr mit abschraubbarem Bodenstück und einem durchgehenden einteiligen Seelenrohr. Der selbsttätige, selbstspannende Schubkurbelkeilverschluß öffnete sich beim Vorlauf des Rohres. Dabei wurde die Patrone ausgeworfen und die Schlagfeder wieder gespannt.

Die Ladeschale mit Ansetzer bewährte sich nicht und wurde von der Truppe meist abgebaut. Das beim Abschuß zurücklaufende Rohr wurde von der Rohrbremse, die in der Rohrwiege unter dem Rohr lag, abgebremst und durch den Luftvorholer über dem Rohr in die alte Lage zurückgeholt. (Vergl. Skizze über die Wirkungsweise des Luftvorholers.) In zwei weiteren Zylindern unterhalb des Rohres befanden sich die Federausgleicher, die das Richten des Geschützes der Höhe nach erleichterten.

8,8 cm Flak 18 in Fahrstellung.

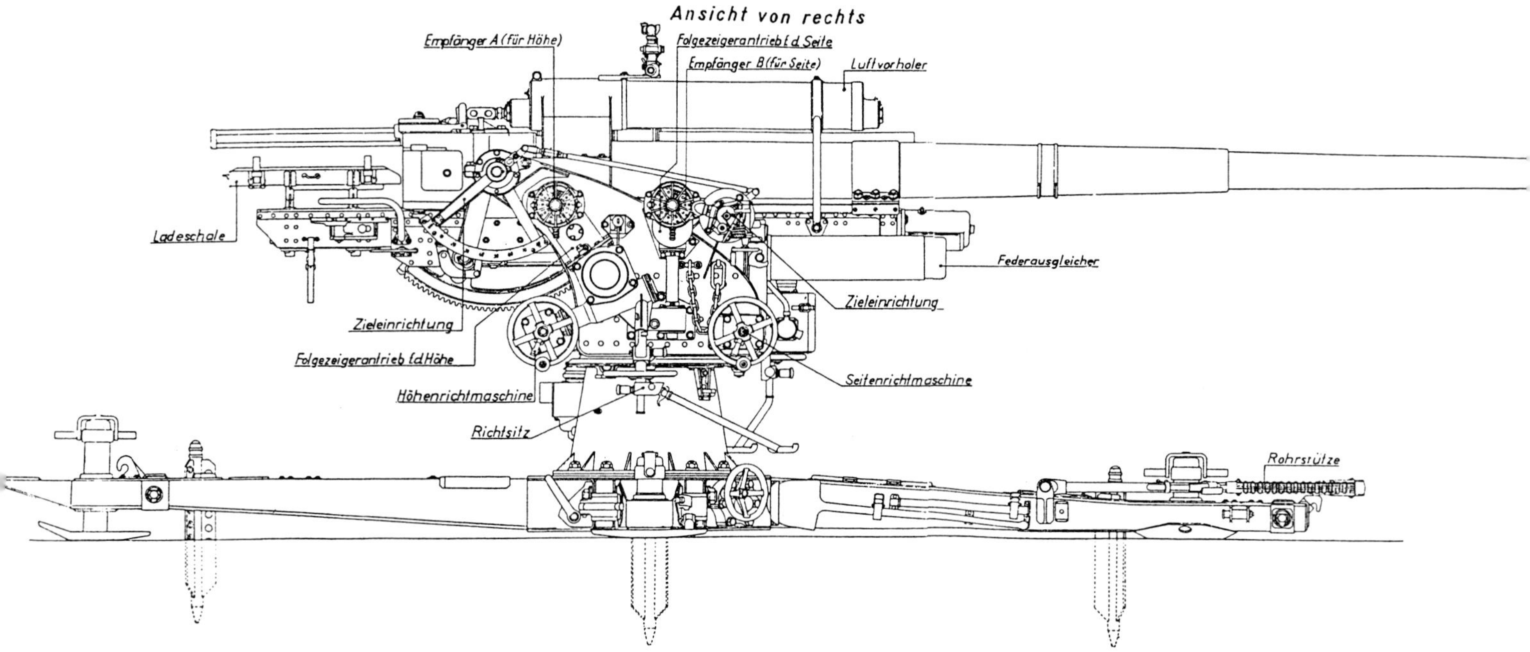

Drei Ansichten der 8,8 cm Flak 18 von rechts. Auf dieser Geschützseite befanden sich die Höhen- und Seitenrichtmaschine mit der Zieleinrichtung für den Erdzielbeschuß und die Lampen- bzw. Folgezeigerempfänger. Diese zeigten die vom Kommandogerät ermittelten Schußwerte an.

Die Seiten-, Höhen- und Zünderlaufzeitwerte wurden vom Kommandogerät über ein 108-adriges Fernleitungskabel auf das Lampenübertragungsgerät 30 übertragen. Diese Werte konnten auch fernmündlich empfangen werden. Die zunächst noch vom Geschütz getrennte Zünderstellmaschine wurde später direkt an den Geschützsockel montiert. Fahrbar war das Geschütz mit dem zweiachsigen Sonderanhänger 201, bei dem nur die hintere Protze zwillingsbereift war, d. h. daß die Protzen nicht austauschbar waren. Aufgeprotzt zeigte das Rohr in Fahrtrichtung.

Die Skizze in der Mitte zeigt die linke Seite einer 8,8 cm Flak 18. Bei dem unteren Längsschnitt sei besonders auf die Horizontierungseinrichtung in der Lafette hingewiesen. Mit ihr konnte das Geschütz bis zu 5 Grad nach jeder Seite hin senkrecht gestellt werden. Auf die Wirkungsweise des Luftvorholers, der Rohrbremse und der Federausgleicher wird später noch eingehender hingewiesen.

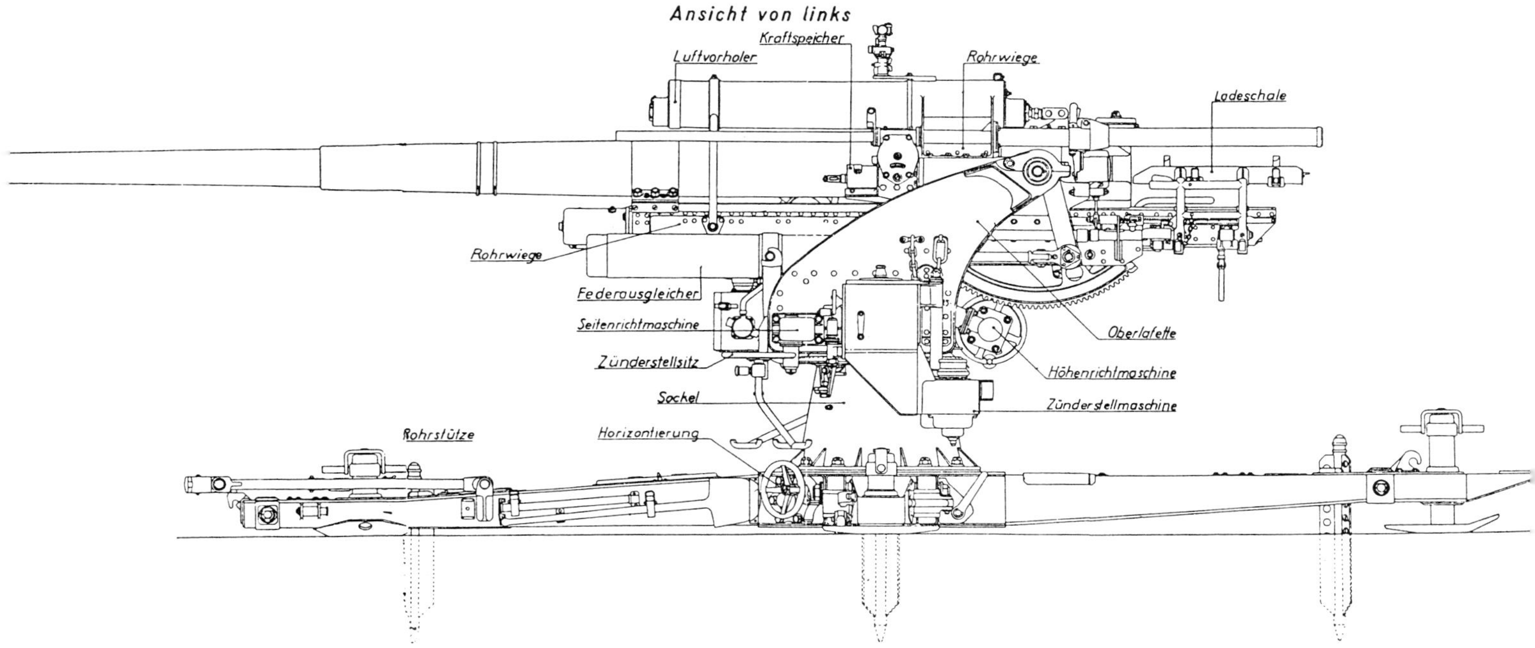

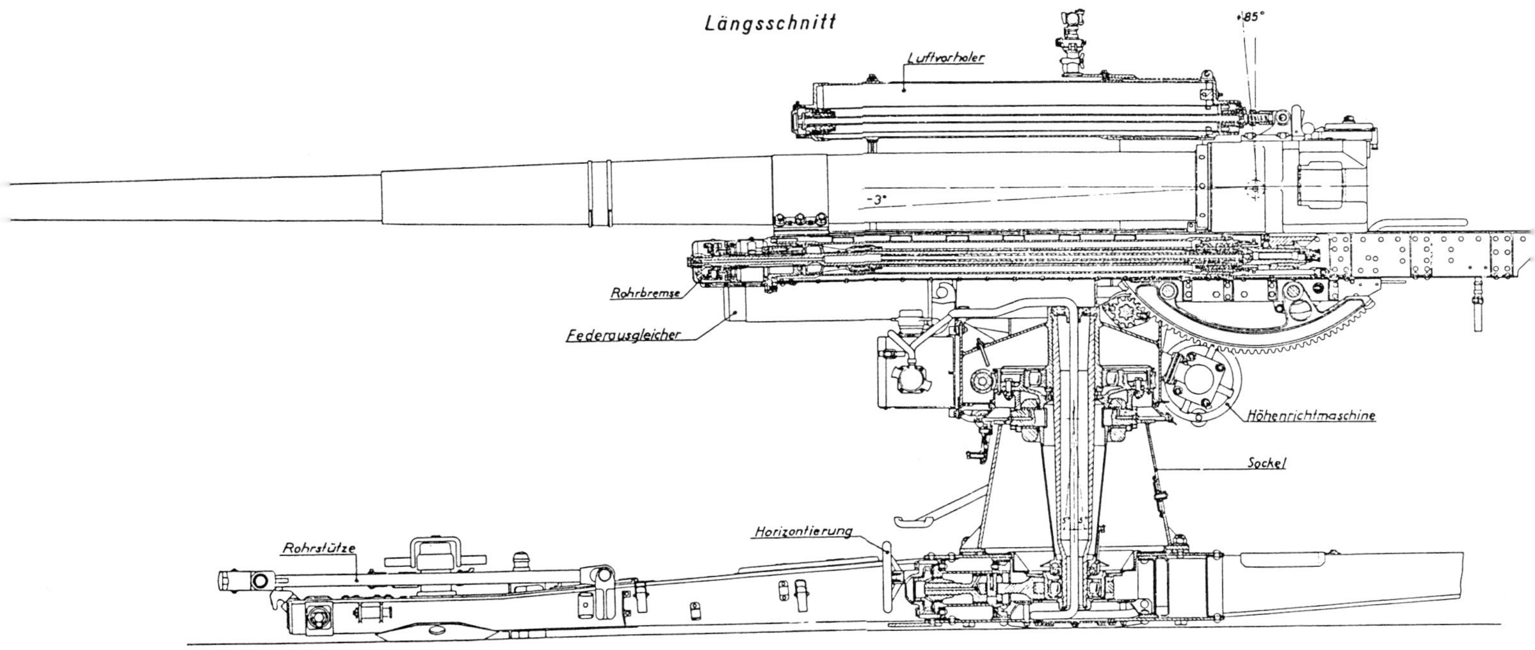

Das linke Bild zeigt die 8,8 cm Flak 18 von hinten. Die achteckige Grundplatte ist mit der Oberlafette auf die Kreuzlafette geschraubt. An der linken Seite der Oberlafette befindet sich die Zünderstellmaschine mit zwei Zünderstellbechern.

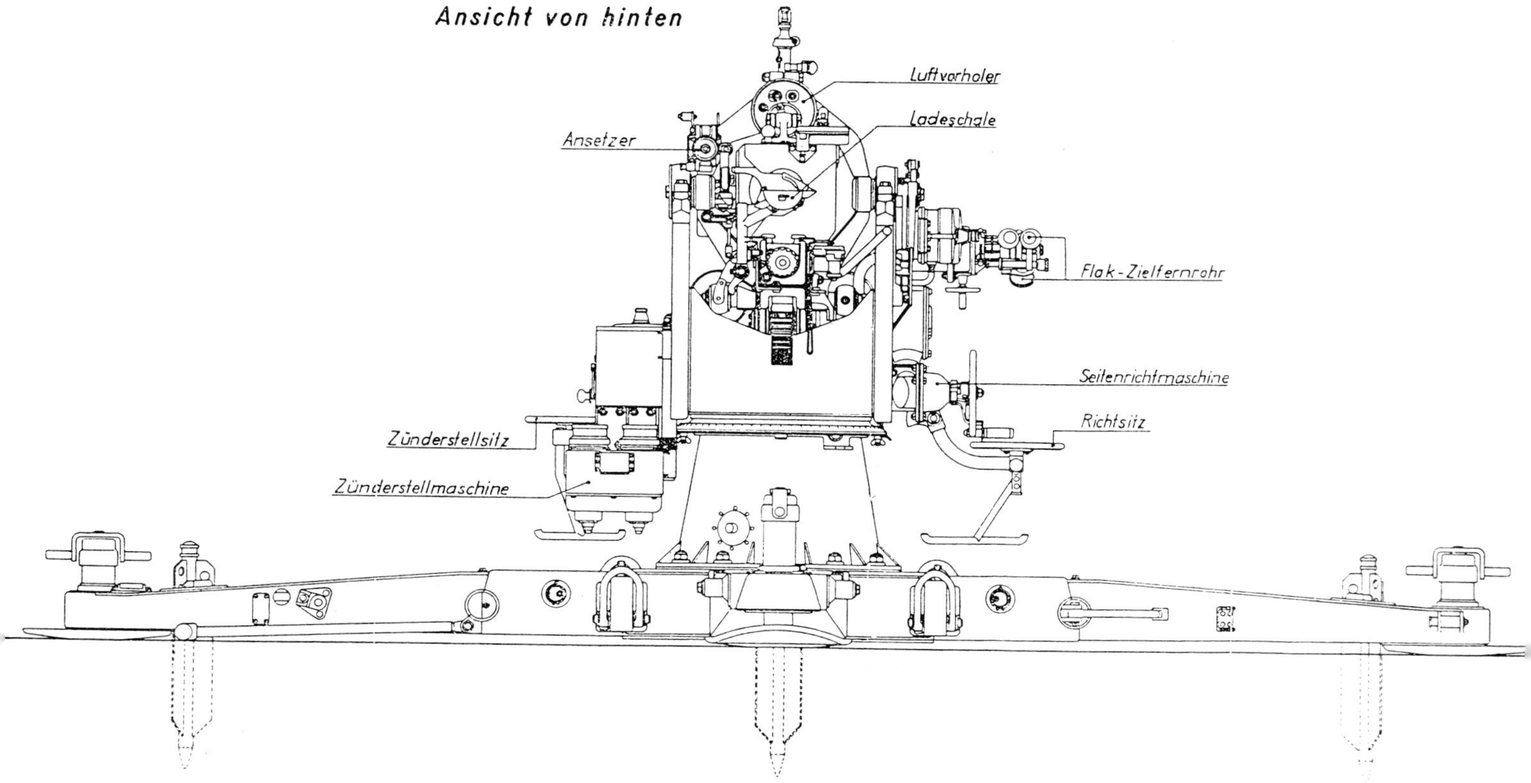

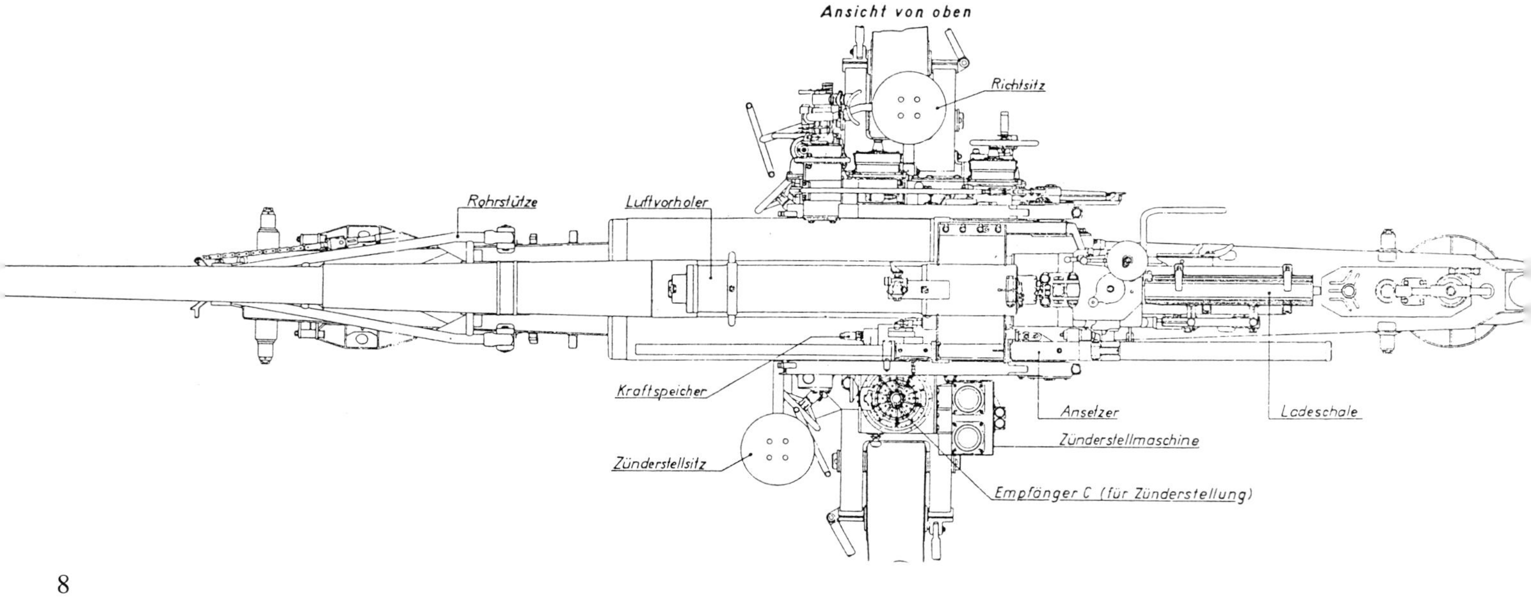

Die Geschützbedienung einer 8,8 cm Flak 18 auf einem Kfz. Henschel mit ihrem Geschütz im Gelände. Bemerkenswert ist die Bremsleine, mit der ein Bedienungsmann vom Mannschaftswagen aus das Geschütz abbremsen mußte.

Absitzen zu einer Marschpause war über die hohen Bordwände der Lastkraftwagen nicht einfach. (BA)

Diese 8,8 cm Flak 18 wird von einer 8 t-Zugmaschine, Kfz. 7 Zgkw. 8 t Typ "HLm10", gezogen. Die Mannschaft springt vom Fahrzeug, um das Geschütz in Stellung zu bringen. (BA)

1936 kamen die ersten verbesserten 8,8 cm FLAK 36 zur Truppe. Die Lafettenplattform war jetzt quadratisch. Das Rohr bestand aus einem dreiteiligen Seelenrohr (Ladungsraum, hinteres Seelenrohr, vorderes Seelenrohr), das durch einen doppelten Rohrmantel und einen Spannring zusammengehalten wurde. Der Vorteil bestand darin, daß bei der unterschiedlichen Rohrabnutzung nur der verbrauchte Teil ausgewechselt werden mußte. Bei der Fertigung waren keine besonders langen Drehbänke und Bohrmaschinen erforderlich. Nach Einführung der Stahlhülsen zur Einsparung von Messinghülsen und bei der Verwendung von Eisenführungsringen an den Granaten wurden ab 1943 aber wieder ungeteilte Seelenrohre hergestellt. Ballistisch und größenmäßig stimmte das Rohr der 8,8 cm Flak 36 mit dem der 8,8 cm Flak 18 überein, so daß sie austauschbar waren.

Der vordere und hintere Holm des Typs 36 waren jetzt gleich. Die beiden Protzen des Sonderanhängers 202 waren zwillingsbereift, so daß sie austauschbar waren, und das Geschütz in zwei Stellungen gezogen werden konnte. Die fest am Geschütz montierte Zünderstellmaschine besaß zwei Zünderstellbecher. Die Höhen- und Seitenrichtmaschine waren je mit einem Schnellgang versehen. Da die Federn im Ausgleicher verstärkt waren, konnte die Höhenrichtmaschine leichter betätigt werden.

Bereits ein Jahr später, 1937, kam unter der Typenbezeichnung 8,8 cm FLAK 37 das Geschütz mit einem verbesserten Übertragungsgerät 37 zur Truppe. Bei diesem Folgezeigersystem mußten die Richtkanoniere die durch ihre Handräder bewegten Zeiger mit dem vom Kommandogerät über das 108-adrige Fernleitungskabel gesteuerten Zeiger in Deckung bringen.

(Weitere technische Daten der 8,8 cm 18, 36 und 37 siehe Tabelle im Anhang)

Rohr der 8,8 cm Flak 18.

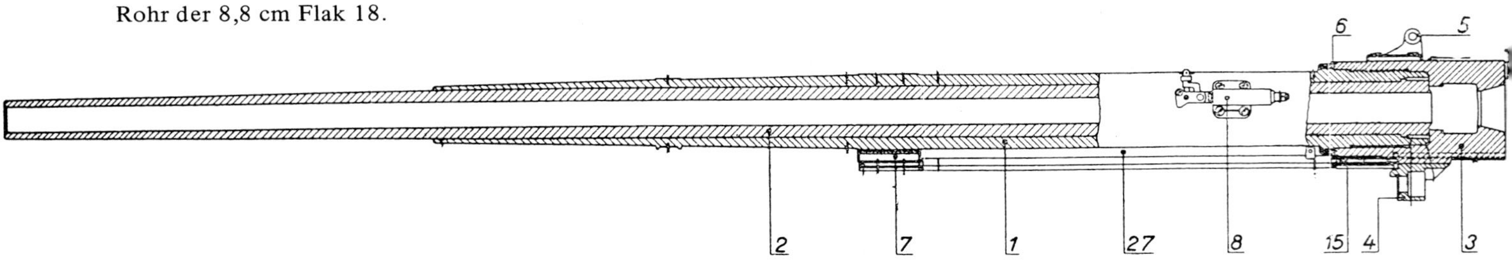

Das Rohr bestand aus dem Mantel (1), dem mit Spiel eingesetzten, gestützten, auswechselbaren Seelenrohr (2), dem leicht lösbaren Bodenstück (3) mit Rohrhalter (4) und Lagerbock (5), dem Druckring (6) und der abnehmbaren Rohrklaue (7). Der Mitnehmer (8) für den Ansetzer war am Mantel, das Gegenlager (9) für die Schließfeder des Verschlusses war am Bodenstück befestigt. (Aus L.Dv. 436)

Unten: Das Rohr der 8,8 cm Flak 36 bestand aus dem Seelenrohr (1) mit hinterem Futterrohr (8), vorderem Futterrohr (9), vorderem Seelenrohr (10), hinterem Seelenrohr (11), der Spannmutter (12) und dem Druckring (13). Der Bajonettring (5) verband den Rohrmantel (2) mit dem Seelenrohr (1). Das Bodenstück (3) wurde durch die Spannschraube (4) mit dem Rohrmantel (2) fest verbunden. Die Rohrklauen (6) dienten zur Führung des Rohres auf der Wiege. Das Schutzblech (7) war zum Schutz der Wiegengleitbahn da. (Aus dem Beiheft der L.Dv. 436)

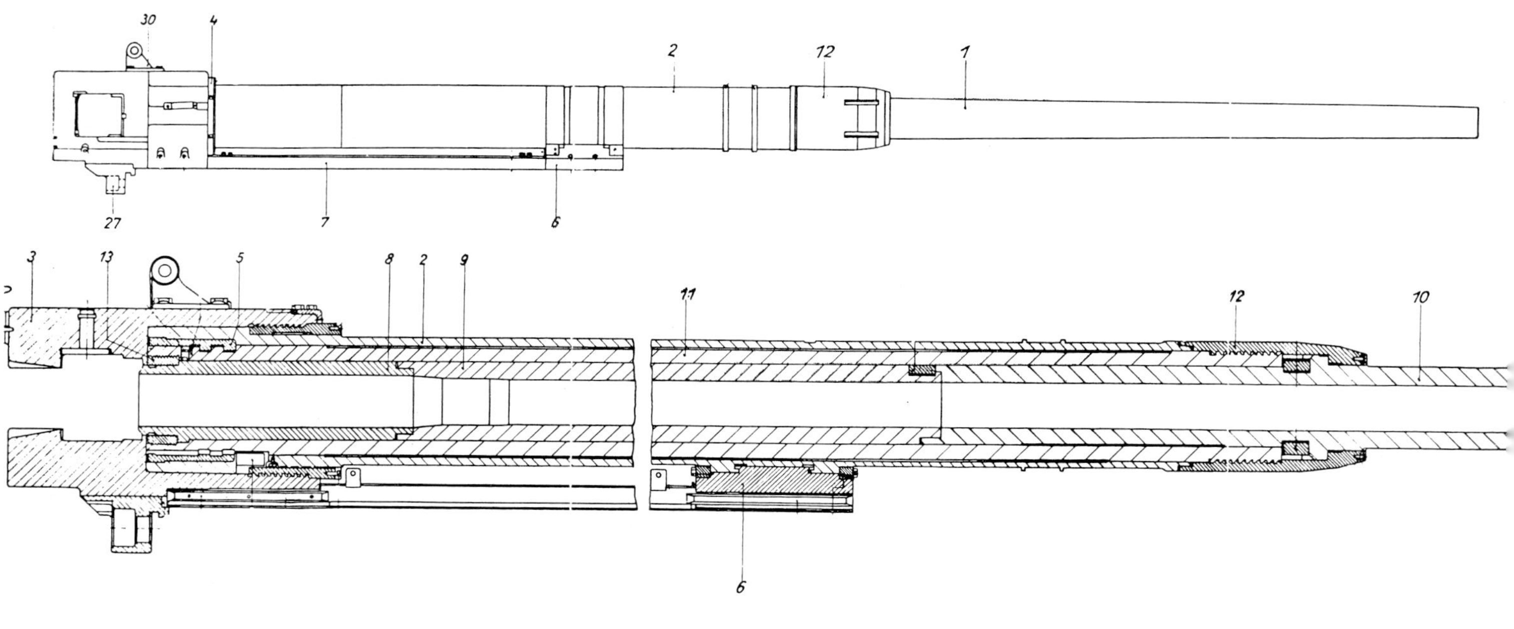

Der Rohraufbau war für die Benennung des Geschützes nicht bestimmend, da das 8,8 cm Flak-Rohr 18 ballistisch und größenmäßig mit dem der 8,8 cm Flak 36 übereinstimmte und beide austauschbar waren. Die maßgeblichen Merkmale für die Bestimmung des Geschütztyps waren in den Lafettenkreuzen zu finden.

Lafettenkreuz der 8,8 cm Flak 18. Vorderholm (1), Hinterholm (2), ein Seitenholm (4), achteckige Blechplatte (5), Lafettenkasten (10), zwei Lager (11) für die Rohrstütze.

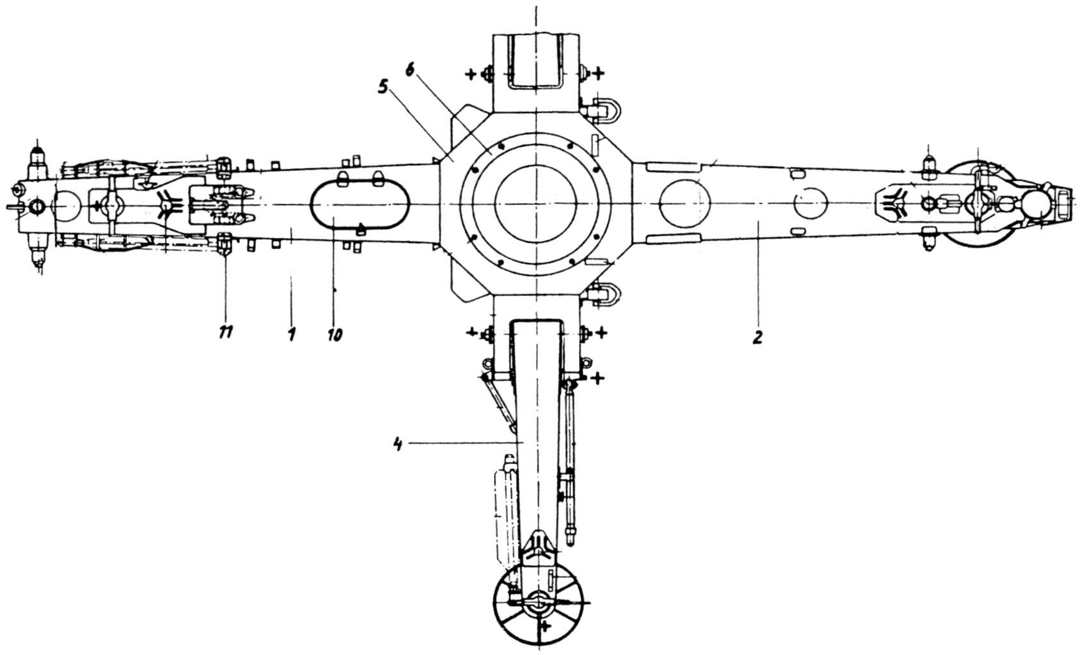

Unten: Lafettenkreuz der 8,8 cm Flak 36, Längsholm (2), Seitenträger (3), Klappholm (4) Horizontierungsvorrichtung (5), Rohrzurrung (6), Erdpfähle (7), Ratschen (8), Ausleger (16) mit Haken (17) zum Einhängen der Fahrgestelle, Tragzapfen (25), Lager für Rohrzurrung (20).

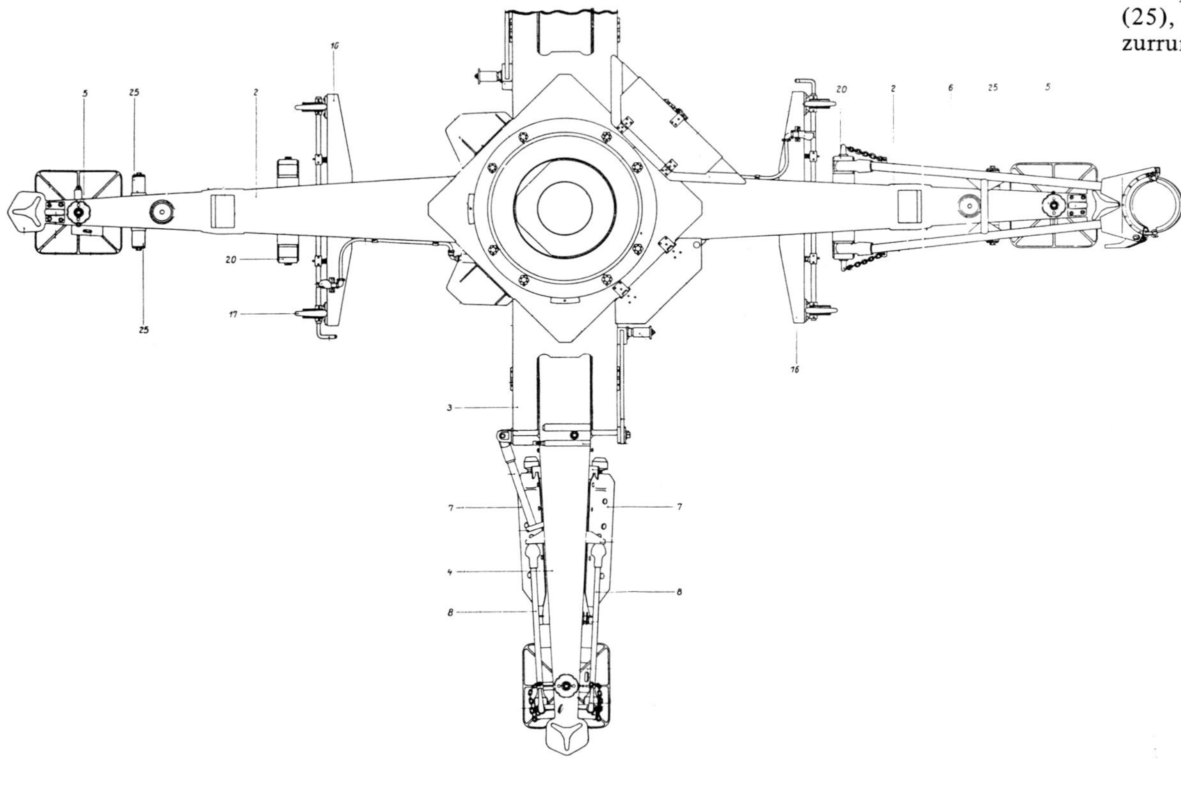

8,8 cm Flak 36 in der Endmontage. (BA) Auf diesem Bild sei einmal besonders auf die Höhen- und Seitenrichtmaschine hingewiesen. Mit Hilfe des linken Handrades wurde das Geschütz der Höhe nach, mit dem rechten Handrad der Seite nach geschwenkt. Beim Richten mit Kommandogerät erfolgte die Übermittlung der Schußwerte durch ein 108-adriges Fernleitungskabel auf die über den Handrädern liegenden Lampenempfänger. Die dort in drei konzentrischen Kreisen aufleuchtenden Lämpchen mußten von den Richtkanonieren mit Hilfe der Handräder in Deckung gebracht werden. Beim Höhenempfänger war eine Lampenstellung im äußeren Kreis 1/10 Grad, im mittleren Kreis 1 Grad und im inneren Kreis 10 Grad. In der Seitenrichtung war der Vollkreis in 6.400 Teilstriche eingeteilt. Eine Lampenstellung im äußeren Kreis waren 6,4 Strich, im mittleren 64 Strich und im inneren 640 Strich.

Unten: Dieses 8,8 cm-Geschütz ist mit dem Übertragungsgerät 37 ausgerüstet. Statt der Lampen waren Folgezeiger abzudecken.

Auch die Zünderstellwerte wurden durch das Lampen- oder, wie oben zu sehen, durch das Folgezeigerübertragungsgerät übermittelt, wobei die Zünderstellung in Grad vom Kreuz angegeben wurde. Wir sehen oben auf dem Bild den Zünderstellsitz für den K_6, dahinter den Kasten mit dem Kommandotrieb. Mit dem Handrad wurde der Folgezeiger abgedeckt und die Werte auf den Stellbecher übertragen. Dort wurden die Zünder der zu verschießenden Patronen gestellt. Die mechanische Kraft zum Stellen erfolgte im Stelltrieb, dessen Antrieb mittels einer Kurbel erfolgte.

Oben: Munitionskanoniere reichen Patronen an und haben zwei schon in die beiden Zündstellbecher gestellt. Der Umfang des Zünderkopfes war in 360 Grad eingeteilt. Früher war bei 0 Grad ein Kreuz angebracht, daher stammt die heutige Bezeichnung "Grad vom Kreuz". Eine Drehung des Zünderstellkopfes z. B. um 90 Grad ergab die Zünderstellung von 90 Grad vom Kreuz.

Auf dem linken Bild wird der Zünder von Hand mit Hilfe eines Zünderstellschlüssels auf 60 Grad vom Kreuz vorgestellt. Das geschah einmal aus Sicherheitsgründen und verkürzte die Zünderstellzeit in der Zünderstellmaschine beim Einstellen der Zünderlaufzeit.

Oben links: Der Ladekanonier, der K3, hat eine Patrone aus dem Zünderstellbecher genommen und ladet damit die 8,8 cm Flak. (BA)

Oben rechts: Zum Schutz vor Verletzungen mußte jeder Ladekanonier an der rechten Hand einen ledernen Ladehandschuh tragen. Auf dem Bild sind außer dem ladenden K3 unter der Patrone Gleitschienen zu sehen, auf denen das Rohr beim Schuß zurücklief. Auf dem Bodenstück sind das Federgehäuse mit einem Griff zum Öffnen des Verschlusses von Hand, der Griff der Auswerferwelle und der Sicherungshebel zu erkennen. (BA)

Links ein Blick durch den geöffneten Keilverschluß in das Seelenrohr mit den 32 Zügen (1,05 mm tief und 5,04 mm breit). Auf dem Bodenstück sitzt das Federgehäuse der Schubkurbel mit Griff und Klinke. Der Verschlußkeil ragt rechts aus dem Bodenstück heraus. (BA)

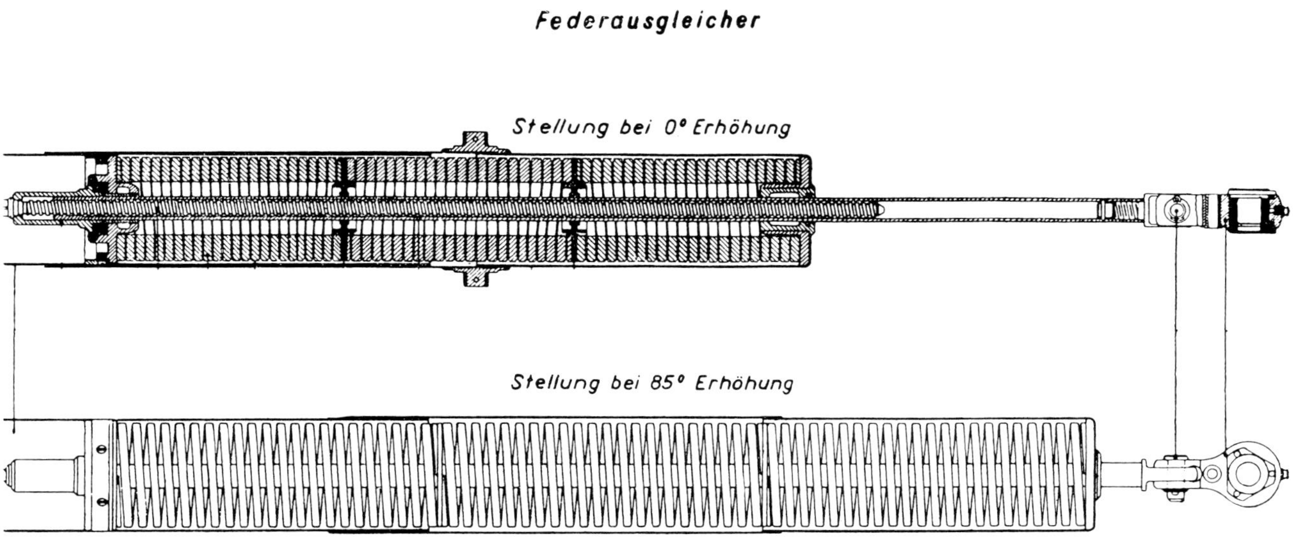

Oben: Besichtigung einer 8,8-cm Flak 18 Bedienung durch ausländische Offiziere. Die Geschützbedienung führt gerade einen Zielwechsel vor, wobei der Seitenrichtkanonier, der K_2, bei ausgerasteter Richtmaschine das Geschütz herumschiebt. Beachtenswert sind bei der großen Rohrerhöhung die weit herausragenden Federausgleicher. (BA)
(Siehe auch Skizze in der Mitte)

Rechts: Vorn ist vom linken Federausgleicher das äußere Federrohr mit der Zugstange zum Zahnbogen zu sehen. (BA)

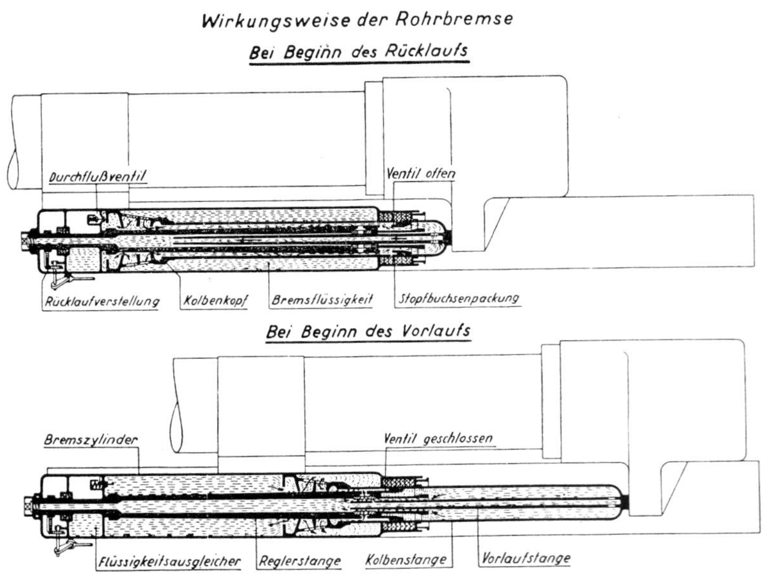

Links sind nochmals die weit herausgedrückten inneren Federrohre der Federausgleicher zu sehen. Besonders sei aber auf die Rohrbremse unter dem Rohr hingewiesen. Sie hatte die Aufgabe, den Rücklauf des Rohres zu hemmen und den Vorlauf zu regeln. (BA)
Im Zusammenwirken von 10,7 l Bremsflüssigkeit (einschließlich 1 l im Flüssigkeitsausgleicher), Düsen, Kolben und Ventilen wurde die Rücklaufenergie des Rohres allmählich aufgezehrt. (Siehe auch Skizze oben.)

Der Vorlauf des Rohres vollzog sich unter Einwirkung des Luftvorholers über dem Rohr. Links unten sieht man nach dem Abfeuern über dem zurückgelaufenen Rohr die Kolbenstange, die Rohr mit Vorholerkolben verband. (BA)
Der Inhalt des Luftvorholers setzte sich zusammen aus 19 l Bremsflüssigkeit und 19,8 l Luft, die zwischen 38 bis 39 at vorgespannt war.

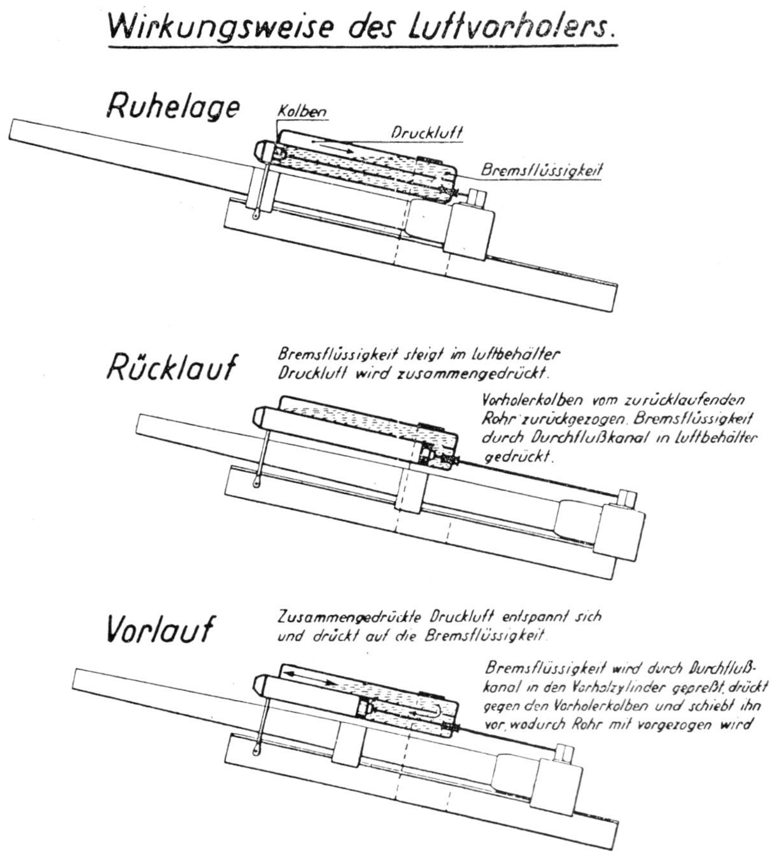

Lade- und Richtübung an einer 8,8 cm Flak.

Unten: Diese 8,8 cm Flak 18 steht auf einem Schießplatz zur Ermittlung der sog. Grundstufe. Das Geschoß durchflog in bestimmten Abständen aufgestellte Rahmen, die mit Drähten bespannt waren. Die Berührung der Drähte durch das Geschoß wurde automatisch registriert. Aus der Zeit, die das Geschoß von einem Rahmen zum anderen brauchte, wurde die Anfangsgeschwindigkeit, die V_O, für das Geschütz errechnet.

So fuhren sie bei einer Parade vor Hitlers Ehrentribüne vorbei . . .
. . . und so auf seinen Befehl in Rußland. (2 x BA)

Ursprünglich war die 8,8 cm Flak zur Abwehr von Flugzielen gedacht. Doch schon im Spanischen Bürgerkrieg wurde die vom freiwilligen Truppenverband "Legion Condor" mitgeführte Flak anstelle fehlender Artillerie bei der Bekämpfung von Panzern, Bunkern und Punktzielen erfolgreich eingesetzt. Auch im Zweiten Weltkrieg wurde die 8,8 cm Flak wegen ihrer großen Beweglichkeit, ihrer schnellen Schußfolge (15 bis 25 Schuß pro Minute, je nach Ausbildungsstand der Geschützbedienung) zu den vielfältigsten Einsätzen herangezogen.

In der Heimat galt es, die Bevölkerung und versorgungswichtige Objekte vor Luftangriffen zu schützen. Wobei hier nur ein schwerpunktmäßiger Einsatz erfolgen konnte, und viele Städte und Objekte notgedrungen ungeschützt bleiben mußten. An der Front bekam die Flak neben dem Schutz der Truppe vor Angriffen aus der Luft noch andere Kampfaufträge, wie die Bekämpfung von Panzern und Bunkern und die Unterstützung der Truppe im Erdkampf. Für den Fronteinsatz wurde die 8,8 cm Flak deshalb 1940 mit einem Schutzschild ausgerüstet. An der Küste mußten Luft- und Seeziele bekämpft und Landungsversuche abgewehrt werden.

Einsatz im Sommer 1940 in Frankreich. (BA)

Bei dieser 8,8 cm Flak Batterie am Atlantik sind die Geschütze so aufgestellt, daß mindestens drei von ihnen freies Schußfeld auf das Meer haben, um bei einem Landungsversuch Erd- und Seeziele bekämpfen zu können.

Oben: Einsatz an der Kanalküste im Sommer 1940. (BA)

Rechts: Geschütz "Cäsar" einer 8,8 cm Flak 36-Batterie wird im Mannschaftszug bewegt. (BA)

Eine 8,8 cm-Batterie sichert den Feldflugplatz, von dem gerade Stukas zum Einsatz starten. (BA)

Oben: Die Geschützbedienung einer 8,8 cm Flak 18 beim Geschützexerzieren. Rechts vom Geschützrohr ist der Lampenempfänger für die Zünderlaufzeit zu sehen. (BA)

Unten: Das Geschütz "Berta" einer sehr erfolgreichen 8,8-Batterie. Jeder Ring am Geschützrohr bedeutet die Teilnahme an einem Abschuß. (BA)

Da die 8,8 cm Flak auch zur Unterstützung der Truppe im Erdkampf eingesetzt wurde, bekamen die Geschütze sehr bald einen Panzerschutzschild. Wir sehen oben eine 8,8 cm Flak 18 mit einem solchen Schild. Dieses Geschütz steht allerdings in einer Stellung, die ausschließlich zur Flugabwehr ausgebaut wird. (BA)

Links: Am rechten Schutzschild war eine Klappe, die beim Erdeinsatz vom K_2 für das Flakzielfernrohr geöffnet werden konnte. Der weiße Wintertarnanstrich, mit denen die Geschütze und Fahrzeuge vor allem in Rußland versehen waren, bröckelt hier vom Schutzschild ab. (BA)

Oben: Diese 8,8 cm Flak wird von einer 8 t-Zugmaschine (Sd.Kfz. 7) zum Einsatz gezogen. (BA)

Links: Eine 8,8 cm Flak 36 mit Schutzschild im Einsatz. (BA)

Rechts: Eine Gefechtspause wird zur Körperpflege genutzt. (BA)

Oben links: 8,8 cm Flak am Atlantik. Das Geschütz hat einen hellen Tarnanstrich und ist der Sandfarbe angepaßt.

Oben rechts: Das Geschütz "Anton" einer 8,8 cm Flak ist zum Schutz wassernder Flugzeuge am Ufer einer Bucht in Stellung gegangen. Die Munitionskörbe aus Weidengeflecht enthalten je drei Patronen 8,8-Munition. (BA)

Links: Ein 8,8 cm Flak 18-Geschütz wird im Mannschaftszug 1940 in Frankreich über eine Pontonbrücke gezogen.

Im Westfeldzug 1940 wurde die 8,8 cm Flak in verstärktem Maße beim Angriff auf die Maginot-Linie zur Bekämpfung von Panzerkuppeln und Betonbunkern eingesetzt. Die Panzergranaten der 8,8 durchschlugen zahlreiche Panzerkuppeln und Betonwände, detonierten im Inneren und setzten die Besatzung außer Gefecht. Am wirkungsvollsten wurden Bunker aus einer Entfernung von 600 bis 2.000 m bekämpft. Im Bild oben sehen wir ein 8,8 cm Geschütz beim Bunkerbeschuß vor dem Übergang am Oberrhein bei Breisach. (BA) Bild unten zeigt die Zitadelle bei Boulogne nach dem Beschuß durch 8,8 cm Flak mit Panzergranaten. (BA)

Diese verschiedenartigen Kampfaufträge erforderten Munitionsarten, von denen hier nur die gebräuchlichsten genannt werden können. Die Sprenggranate, mit einer Sprengladung von 870 g TNT oder AMATOL, und einem Zeitzünder wirkte wie ein Schrapnell. Bei ihrem Einsatz gegen Flugziele zeigte es sich aber, daß ihre Wirkung nicht so groß war, wie man es vor dem Krieg angenommen hatte. Nicht 30 m Schußablage genügten zur Vernichtung, sondern nur bei etwa 9 m Ablage kam es zum Abschuß. Alle Versuche, die Splitterwirkung zu vergrößern, waren bis Kriegsende wenig erfolgreich.
Sprenggranaten` mit Aufschlagzünder wurden gegen gedeckte Ziele verwendet. Wobei Granaten mit Verzögerung bei einem Fallwinkel unter 20 Grad als Abpraller erst 50 m hinter dem Auftreffpunkt detonierten.

Panzergranaten aus gehärtetem Stahl oder auch Hohlladungsgranaten waren gegen alle damals bekannten Panzer und viele Betonbauten sehr wirksam. Immer häufiger wurde deshalb die 8,8 in Flakkampftrupps als Sturmspitze eingesetzt. Solche "Feuerwehreinsätze" waren nicht selten mit großen Verlusten von gut ausgebildeten Soldaten verbunden, die aus den Heimatschutzeinheiten ersetzt werden mußten. Die Folge war, daß die Lücken dort häufig nur noch von Schülern und Hitlerjungen als Luftwaffenhelfer (Flakhelfer), oder vom Reichsarbeitsdienst (RAD), ja sogar von jungen Menschen aus den besetzten Gebieten ausgefüllt werden konnten. Selbst weibliche Flakhelferinnen wurden vor allem an Scheinwerfern, Feuerleitgeräten und im Flugmeldedienst eingesetzt.

An dieser Stelle sind die am häufigsten verschossenen Munitionsarten kurz aufgeführt:

8,8 cm Sprgr.	Patrone L/4,5 mit Kopfzünder AZ23/28 oder Zeitzünder Zt/Z S/3 für Flak 18, 36, 37
8,8 cm Pzgr.	Patrone 40 (AP) für 8,8 cm Flak 36, 41
8,8 cm Pzgr.	Patrone 39 mit Bodenzünder für 8,8 cm Flak 18, 36, 37
8,8 cm Leuchtgranat-Patrone	L 4,4 (eine Leuchtschirmgranate von etwa 23 Sekunden Brenndauer)

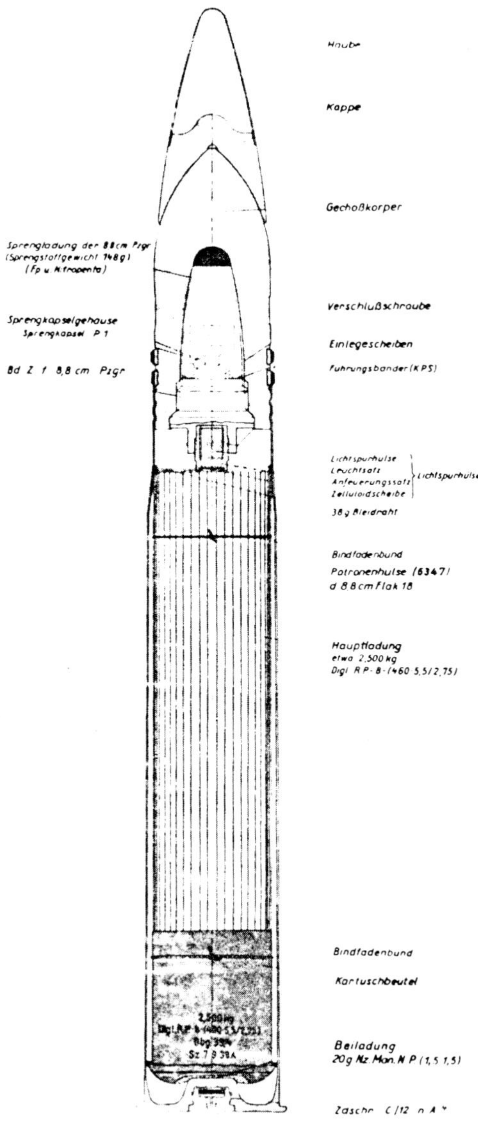

Schnitt einer Panzergranat-Patrone 39.

Unten: So sah eine französische Panzerkuppel nach dem Beschuß durch 8,8 cm Flak mit Panzergranaten aus. (BA)

Rechts: Von einer Siebelfähre wird 8,8 cm Flakmunition gelöscht. (BA)

Ein 8,8 cm Flak-Geschütz wird auf einer Siebelfähre gefechtsklar gemacht. An Stelle durch Erdpfähle ist das Geschütz mit Tauen auf der Fähre fixiert. (BA)

Unten: Diese Fähre mit einen 8,8 cm-Geschütz ist mitten im Hafen vor Anker gegangen. (BA)

Oben: Vier Geschütze einer 8,8-Batterie werden von 8 t-Zugmaschinen auf einem Feld zu einem Viereck in Stellung gefahren. Jedes Geschütz war zur Batteriemitte, in der der Verteilerkasten stand, 70 bis 80 Schritte entfernt. Von jedem Geschütz führte zum Verteilerkasten ein 108-adriges Fernleitungskabel. Im Bild links sind sie noch auf Kabeltrommeln aufgerollt auf der rückwärtigen Protze zu sehen. (BA)
Über diese Kabel wurden die Schußwerte vom Kommandogerät, das ebenfalls mit dem Verteilerkasten verbunden war, an die Geschütze übertragen.

Das untere Bild zeigt eine ausgebaute Stellung. Um die Feuerkraft zu erhöhen, wurde die Zahl der Geschütze einer Batterie bis Kriegsende über sechs auf zwölf, ja sogar auf 24 Geschütze erhöht.

Der Batterieführer hat den Standort des Geschützes bestimmt. Es wurde von den Protzen abgesenkt und zunächst leicht getarnt. Das Rohr steht in Richtung des Hauptkampfraumes. Ein Kanonier rammt mit dem Vorschlaghammer einen Erdpfahl ein.

Nachdem die Geschütze in Stellung gebracht worden sind, müssen sie eingerichtet werden, d. h. die Geschütze müssen mit dem Kommandogerät eine gemeinsame Nullrichtung haben. Das Einrichten geschieht mit Hilfe des Rundblickfernrohres auf dem Luftvorholer durch den Geschützführer. Er ist fernmündlich über Kopfhörer und Kehlkopfmikrophon mit der Befehlsstelle verbunden.

Dem Flugmelder stand zur besseren Erkennung des Flugzeugtyps ein Scheinwerferrichtungsweiser zur Verfügung. (BA)

Die englischen Einflüge erfolgten fast ausschließlich nachts. Dann sah es oft über deutschen Städten so aus wie auf dem Bild oben über Hamburg. (BA)

Unten: Durch Veränderung der Treibladung versuchte man im Laufe des Krieges diese großen Mündungsfeuer, durch die die Flakbatterien leicht zu erkennen waren, zu verringern.

Sobald alle Geschützführer dem "Technisch Schießenden" an der Feuerleitstelle ihr Geschütz "feuerbereit" gemeldet haben, und ein Ziel im Feuerbereich der Batterie aufgefaßt ist, erfolgt der Befehl "Gruppenfeuer – Gruppe"! Die Feuerglocke schrillt drei Sekunden, und alle Geschütze feuern zur gleichen Zeit.

Rechts: Während einer längeren Gefechtstätigkeit wurden oft die abgefeuerten leeren Patronenhülsen zunächst einfach aus dem Geschützstand hinausgeworfen, um den Stand frei zu halten.

Bei der raschen Schußfolge von 15 bis 20 Schuß pro Minute war die Belastung für die Geschützrohre sehr groß. In den ersten beiden Kriegsjahren wurde nachts häufig noch Sperrfeuer geschossen, weil die Zahl der Scheinwerfer nicht ausreichte und der Einsatz der Funkmeßgeräte gerade erst anlief. So war ein Munitionsverbrauch von 200 Schuß pro Geschütz in einer Nacht keine Seltenheit. Manches Rohr hielt dieser Belastung nicht stand, und es kam zu Rohrzerschellern, die für die Geschützbedienung nicht ungefährlich waren.

Oben: Das Löschen der 8,8 cm-Flak im Hafen von Tripolis nach einer gut überstandenen Überfahrt gestaltet sich schwierig. (BA)

Links: Auf der Fahrt zum Einsatz. Der 8 t-Zugmaschine macht das steinige Gelände nichts aus. Nur der Bremser auf der hinteren Protze war bei staubigen Wegen nicht zu beneiden. (BA)

Unten: Noch liegt man in Bereitstellung. Doch schon hat man sich eingegraben nach der Devise: "Schweiß erspart Blut". (BA)

Oben: Der Befehl, in Stellung zu gehen, ist gekommen. Das Geschütz wird abgesenkt. Noch ist das Rohr an der Rohrstütze festgeschnallt. (BA)

Die Rohrstütze ist gelöst und wird nach vorn auf den Holm geklappt. Während das Geschütz feuerbereit gemacht wird, beobachtet der Geschützführer schon das Vorfeld. (BA)

Trotz des steinigen Bodens wurde dieses Geschütz etwas eingegraben. Der Batterieoffizier beobachtet die Trefferlage durch ein Scherenfernrohr. (BA)

Eine 8,8 cm Flak 18 in Nordafrika im Einsatz. Bei rascher Schußfolge haben die Munitionskanoniere und der Ladekanonier in der Hitze Schwerstarbeit zu verrichten. Statt des schweren und heißen Stahlhelms trägt die Bedienungsmannschaft einen Tropenhelm. (BA)

Ein Rohr ist ausgeschossen und muß ausgewechselt werden. Ein Instandsetzungstrupp ist mit einem Ersatzrohr und einem Kranwagen gekommen, um das Rohr an Ort und Stelle auszutauschen. (BA)

Das neue Rohr wird mit den Gleitschuhen auf die Gleitschienen an der Rohrwiege eingepaßt und darauf nach vorn geschoben. Seelenrohr, Mantelrohr und Bodenstück werden in einem ausgewechselt. (BA)

Oben: Nachdem die Kämpfe 1943 in Afrika eingestellt worden waren, blieben viele 8,8-Geschütze zerstört auf den Schlachtfeldern zurück. (BA)

In Italien ging der Kampf weiter. Die 8,8 cm Flak stand in einer befestigten Stellung bei Nettuno. (BA)

Auch im Straßenkampf wurde die 8,8 cm Flak eingesetzt. Unten ein Bild vom Spätsommer 1944 aus einer italienischen Stadt (wahrscheinlich Florenz). (BA)

Wohl an keinem anderen Frontabschnitt waren für die 8,8 cm Flak die 8 t-Zugmaschinen so notwendig wie im Osten. Ob durch Schlamm, Eis oder Schnee, die 8,8 kam zu ihrem Einsatz. (2 x BA)

Oben: Bergung einer eingebrochenen 8,8 cm Flak auf einer Behelfsbrücke durch zwei 8 t-Zugmaschinen. (BA)

Links: Hier wühlt sich eine Zugmaschine mit einer 8,8 cm Flak 36 mühsam durch den Schlamm. (Herbst 1943 im Mittelabschnitt in Rußland)

Ein 8,8-Geschütz der Heeresflak durchfährt eine Furt unter den interessierten Blicken russischer Jugendlicher. Zur Kennung für Flieger ist auf dem Kühler der Zugmaschine die Hakenkreuzfahne angebracht. (BA)

Dieses 8,8 cm-Geschütz ist von den Protzen abgesenkt und durch Erdpfähle standfest gemacht worden. Die Protze wurde aber nicht ausgefahren, d. h. man rechnet mit einem raschen Stellungswechsel. Rechts neben der 8,8 ist ein 2 cm-Geschütz in Stellung gegangen. (BA)

Ein sog. "Arbeitsgeschütz" ist auf der Rollbahn vorgezogen worden, um ein Widerstandsnest niederzukämpfen. Das Geschütz wurde nicht erst abgesenkt. Nur die Seitenholme sind abgeklappt und mit einer Bohle unterlegt worden. In der Regel war Schießen vom Fahrgestell wegen des starken Rückstoßes nicht erlaubt. Im Einsatz erforderte es aber oft die Situation, daß keine Zeit mehr zum Absenken des Geschützes blieb, dann wurde möglichst in Fahrtrichtung direkt von der Protze geschossen. (BA)

Auf dieser flachen Ebene muß das Geschütz gut getarnt werden, um nicht groß wie ein Scheunentor aufzufallen. Die Munition liegt in den Körben griffbereit. Gespannt beobachtet die Geschützbedienung aus der Deckung das Vorfeld. (BA)

Oben: Kaum ist die Batterie auf einem Feld in Stellung gegangen, da gibt es Fliegeralarm.

Hier ist die 8,8 zur Unterstützung eines Panzerangriffs auf ein russisches Dorf bei Woronesch aufgefahren. Die Geschützbedienung beobachtet das Vorgehen der Panzer am Horizont. Der K_2 sitzt auf seinem Richtsitz auf dem noch nicht abgeprotzten Geschütz.

Auch diese Geschützbedienung beobachtet gespannt vom feuerbereiten Geschütz den Ortsrand des brennenden Dorfes. (BA)

Wegen häufiger Stellungswechsel blieb oft keine Zeit, die Geschütze einzugraben. Es war daher notwendig, sie gut zu tarnen. Wir sehen hier zwei Beispiele gut getarnter 8,8 cm Flak. Die Geschütze auf dem Bild oben stehen im Erdeinsatz in einem Getreidefeld. (BA)
Das Geschütz links wurde gegen Fliegersicht getarnt. Es soll durch die große Rohrerhöhung bei hohem Sonnenstand möglichst wenig Schatten werfen. (BA)

Geschütz "Berta" oben und "Cäsar" Mitte (BA), kenntlich an dem Buchstaben am Luftvorholer, stehen im Erdeinsatz. Beide sind 8,8 cm Flak 36 Modelle. Geschütz "Berta" hat gerade abgefeuert und das Rohr ist weit zurückgelaufen. Bei "Cäsar" ist nach dem Abfeuern das Rohr bereits wieder vorgelaufen. Die Patrone wird gerade ausgeworfen. Auf dem unteren Bild werden die Abschußerfolge auf dem Rohr verzeichnet.

Die Lage an der Ostfront hatte sich dramatisch verschlechtert. Nachschub war schnellstens erforderlich. Hier die schwierige Verladung einer 8,8 cm Flak 18 in die viermotorige Me 323, auch "Gigant" genannt. Männer des Bodenpersonals stehen mit Bremsklötzen bereit, und ein Mann bedient die Handbremse des Geschützes, um ein eventuelles Abrollen zu verhindern. (BA)

Links: Diese 8,8 cm Flak 36 steht an einer schnurgeraden Ausfallstraße von Budapest zur Sicherung schußbereit. Die Rohrstütze ist gelöst, die Seitenholme sind abgeklappt, das Geschütz ist aber nicht abgesenkt worden.

Ein 8,8 cm Flak36-Geschütz überholt auf der Rollbahn in Rußland eine Kolonne russischer Kriegsgefangene. (BA)

Das Flak-Kampfabzeichen, links, wurde am 10. Januar 1941 für Angehörige der Flakartillerie der Luftwaffe für Leistungen im Luftziel- und Erdzielbeschuß gestiftet. Nach Einführung des Erdkampfabzeichens der Luftwaffe am 31. März 1942 wurde das Flak-Kampfabzeichen nur noch für Erfolge im Luftzielbeschuß verliehen. Die Verleihung erfolgte nach einem Punktsystem. 16 Punkte waren für die Verleihung erforderlich. Am 18. Juli 1941 wurde das Heeres-Flak-Abzeichen eingeführt. (Rechts) Es glich bis auf das Hoheitszeichen, dem Adler, dem Flak-Kampfabzeichen. Beide Abzeichen waren in Altsilber gehalten.

8,8 cm Flak in einer Waldstellung im Abwehrkampf 1944 an der Düna. (BA)

Geschütz "Berta" als Flakschutz an der Rollbahn. Die Tarnung ist weggeräumt, um das Geschütz ungehindert schwenken zu können. (BA)

Hinter einem leichten Schneewall, der mehr Tarnung als Splitterschutz war, steht eine 8,8-Geschützbedienung in weißen Schneehemden im Kampf gegen russische Panzer. (BA)

Ein von der 8,8 cm Flak getroffener russischer Panzer. (BA)

Wegen ihrer hervorragenden Eigenschaften als panzerbrechende Waffe wurde die 8,8 cm Flak an der russischen Front mehr im Erdkampf eingesetzt als in der Luftverteidigung. Sie wurden dann als Flak-Kampftrupps oder als sog. "Arbeitsgeschütze" in vorderer Front den dort eingesetzten Einheiten zugeteilt. Das Bild oben zeigt das Geschütz eines Flak-Kampftrupps im Raum Newel 1944. (BA)

Links: An einem Feldflugplatz vorbei rollt eine 8,8 cm Flak 36 zum Einsatz. (BA)

Unten: Die Zünderlaufzeit wird mit einem Zünderstellschlüssel für den Erdeinsatz vorgestellt. (BA)
Die Geschützbedienung trägt die weiße Seite ihrer Winterbekleidung nach außen. Sie konnte nach der Schneeschmelze gewendet werden.

Hier vier Bilder von 8,8 cm Flak-Geschützen im Wintereinsatz in Rußland. Bemerkenswert ist auf dem Bild Mitte rechts der eigenartige Wintertarnanstrich dieses Geschützes. (1 x BA)

Oben: Halt einer 8,8 cm Flak-Batterie auf dem Vormarsch bei Gauri in Estland 1941.

Links: Ein Flak-Kampftrupp bei der Abwehr russischer Panzer an der "Burmastraße" am Wolchow im Januar 1943.

Unten: Bei diesem 8,8 cm-Geschütz neben der Rollbahn in Rußland werden Munitionskörbe gestapelt. Jeder Korb enthält drei 8,8 Patronen, die griffbereit beim Geschütz liegen.

Flakgeschütze wurden auch fest auf Eisenbahnwagen montiert. Sie konnten so rasch von Einsatzort zu Einsatzort verlegt werden, waren aber an Eisenbahngleise gebunden. Oben ist auf einem Spezialwagen ein fest montiertes 8,8 cm-Geschütz der Flak zu sehen. Der Wagen ist unter dem Geschütz durch hydraulische Winden und Eisenträger abgestützt, um das Geschütz beim Schießen besser zu stabilisieren. (BA)
Auf den beiden unteren Bildern sieht man, daß die Seitenholme der Geschütze abgenommen sind. Die Bordwände der Spezialwagen konnten zur Plattform ausgeklappt werden. (1 x BA)

Wir sehen hier einige interessante Variationen von Geschützwagen: Auf den beiden oberen Bildern steht die 8,8 cm-Flak auf einem Eisenbahn-Panzerzug. Er verfügte über sechs gepanzerte Infanterie- und Flak-Wagen. Die rund 120 Mann Besatzung war außerdem mit MG und Granatwerfern ausgerüstet. Auf dem vierachsigen Güterwagen, rechts, ist eine improvisierte Deckung aus Bohlen für die Geschützbedienung errichtet worden. Auf dem Rungenwagen links unten steht eine 8,8-cm Flak 37, sie ist zum Transport verladen. Erkennbar an den aufgeklappten Seitenholmen, die bei der Eisenbahnflak abmontiert sind. Unten rechts ist ein seltener Flakwagentyp zu sehen. Auf diesem Spezialwagen stehen zwei 8,8-Geschütze. Die Munition liegt in der Wagenmitte.

Die 8,8 cm Flak wurde als panzerbrechende Waffe oft als Sturmspitze eingesetzt, das zu erheblichen Verlusten führte. Durch bessere Panzerung von Fahrzeug und Geschütz, aber auch durch Steigerung in der Beweglichkeit sollten die Verluste verringert werden. Rechts wird eine 8,8 cm Flak 18 des Heeres von einer gepanzerten 8 t-Zugmaschine gezogen. (BA)
Um das zeitraubende Auf- und Abprotzen des Geschützes zu vermeiden, wurde es zur Selbstfahrlafette auf die 8 t- oder 12 t-Zugmaschine montiert. Das Bild unten zeigt eine 8,8 cm Flak auf dem Sd.Kfz. 9 gemeinsam mit Panzern bei einem Angriff. (BA)

Die 8,8 cm Flak auf einer 8 t-Zugmaschine.

Oben: 8,8 cm Flak auf einer 12 t-Zugmaschine (Sd.Kfz. 8) mit gepanzertem Fahrerraum.

Links: Dieser 12 t-Zgkw. des Heeres mit der 8,8 cm Flak bei einer riskanten Fahrt über eine Behelfsbrücke. "Hält sie, oder hält sie nicht?" Gespannt sieht man vom Ufer aus zu. Ein Panzer hat die Brücke umfahren wollen, ist dabei aber anscheinend in eine fatale Lage geraten.

Unten: Die 8,8 cm Flak 18 als Panzerjäger auf einer 12 t-Zugmaschine (Sd.Kfz. 8) mit gepanzertem Kühler und Fahrerraum.

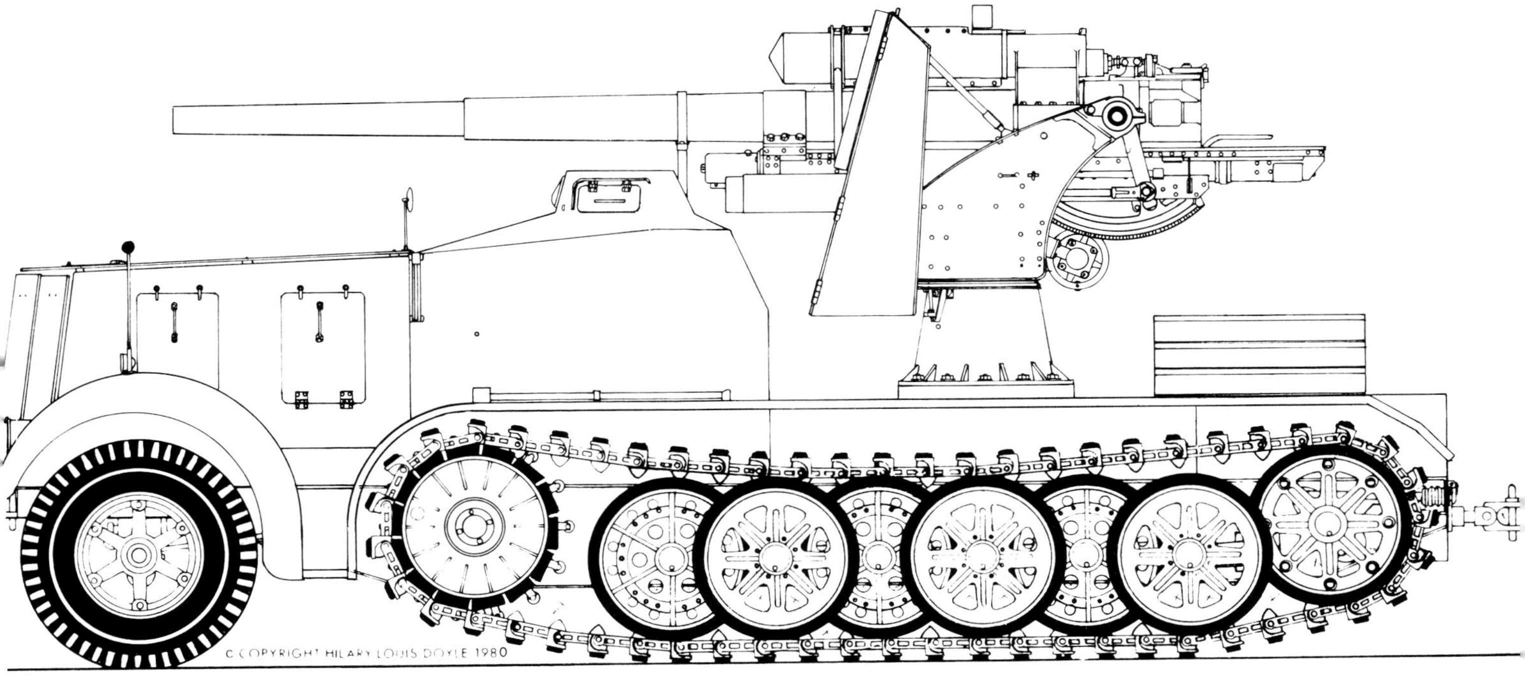

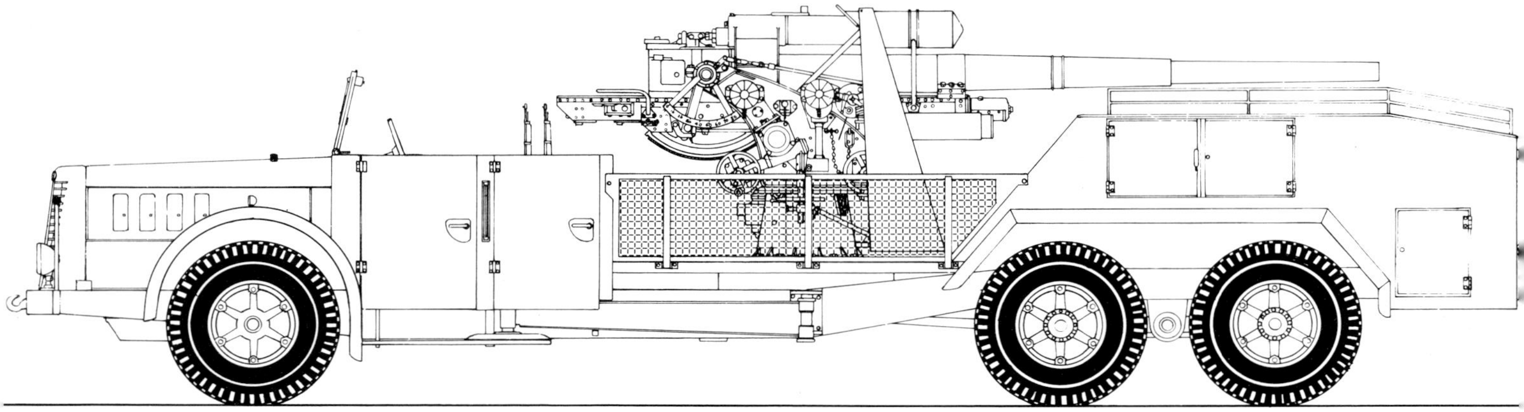

Oben: Die vier 8,8 cm Flak-Batterien der I. Abt./Flak-Rgt. 42 (mot. s.) waren als einzige in der Deutschen Wehrmacht auf dem Sechsrad-Fahrgestell mit Doppelachsantrieb der Vogtländischen Maschinenfabrik (VOMAG) in Plauen i. V. verlastet. Die Geschütze waren mit dem Mittelpivosockel fest auf der Fahrzeugplattform montiert. Zum Schießen wurden die Seitenbordwände waagerecht gestellt und das Fahrzeug mit Hilfe von ausschwenkbaren Spindeln mit Auflegetellern horizontiert und festgestellt. Am Heck der Geschützwagen waren in den auf beiden Seiten von außen zugängigen, leicht gepanzerten Behältern 72 Schuß Bereitschaftsmunition untergebracht.

Das 8,8 cm Geschütz als panzerbrechende Waffe war so hervorragend, daß 1944 dreizehn Pak-Artillerie-Abteilungen damit ausgerüstet wurden. In etwas abgewandelter Form wurde die 8,8 auch auf das Fahrgestell des Panzers III, später IV, montiert, um in schwierigem Gelände mit dem Geschütz noch beweglicher zu sein. Unter dem Namen HORNISSE und NASHORN wurden diese Panzerjäger bekannt. Später wurden auch der Kampfpanzer V als "Jagd-Panther" und VI als "Elefant" mit der 8,8-Kanone ausgerüstet.

Zwei interessante Bilder und eine Skizze der 8,8-cm Flak auf einer 18 t-Zugmaschine (Sd.Kfz. 9) mit gepanzertem Kühler und Fahrerraum.

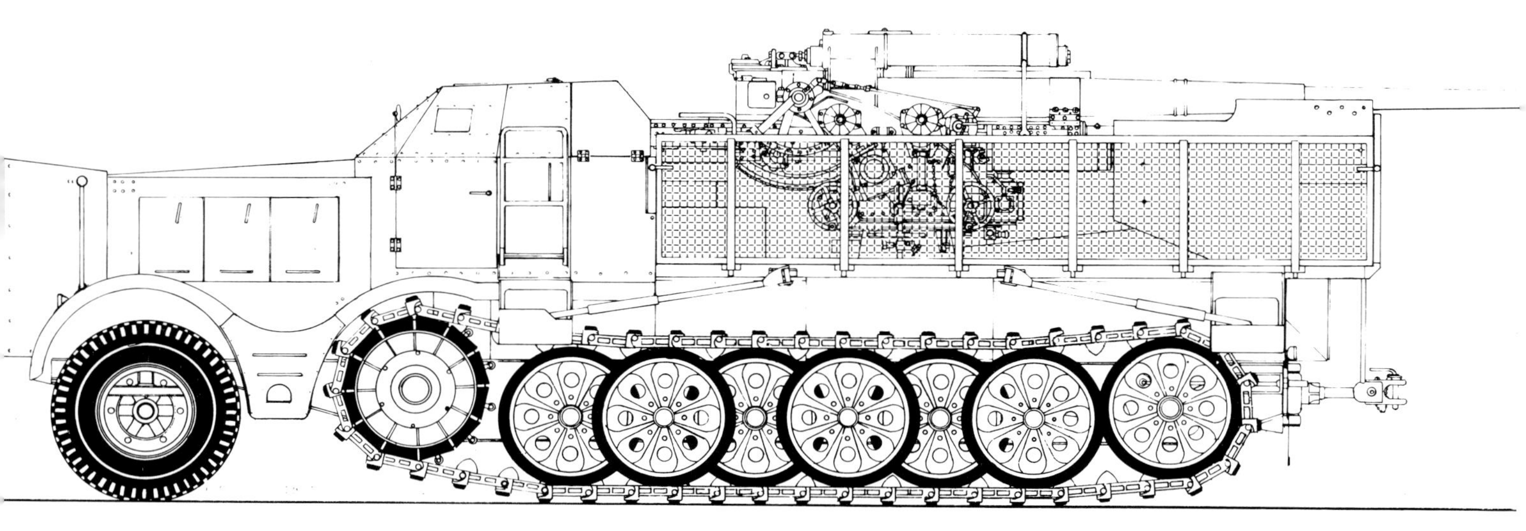

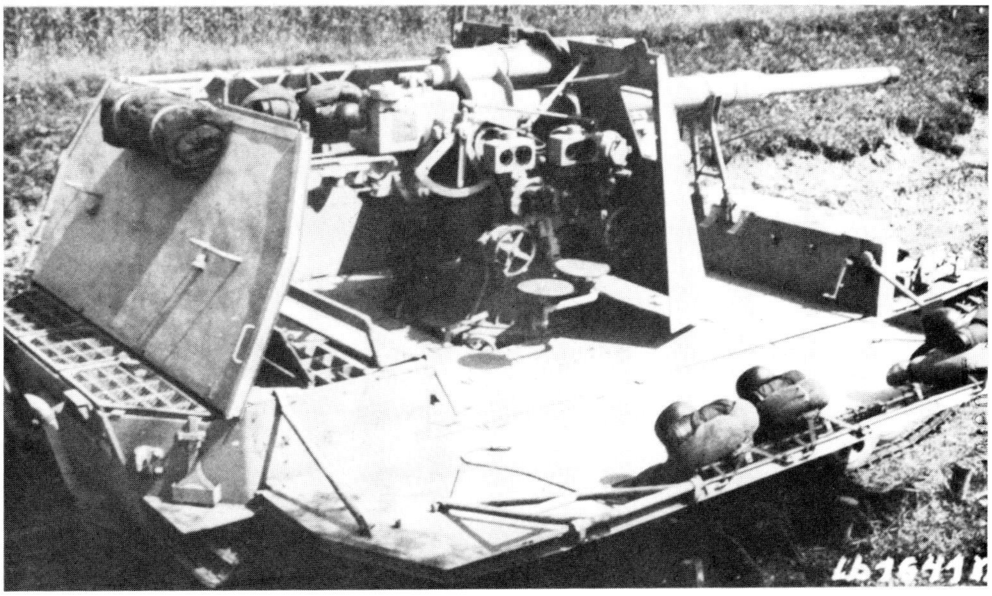

Die 8,8 cm Flak auf eine Zugmaschine zu setzen, war nicht befriedigend, da sie beim Einsatz ohne Seitenstützen nicht auskam. Es wurde daher für die 8,8 cm-Flak 37 ein Sonderfahrgestell entwickelt. Allerdings kam dieser Typ als Flakpanzer nicht zur Serienfertigung.

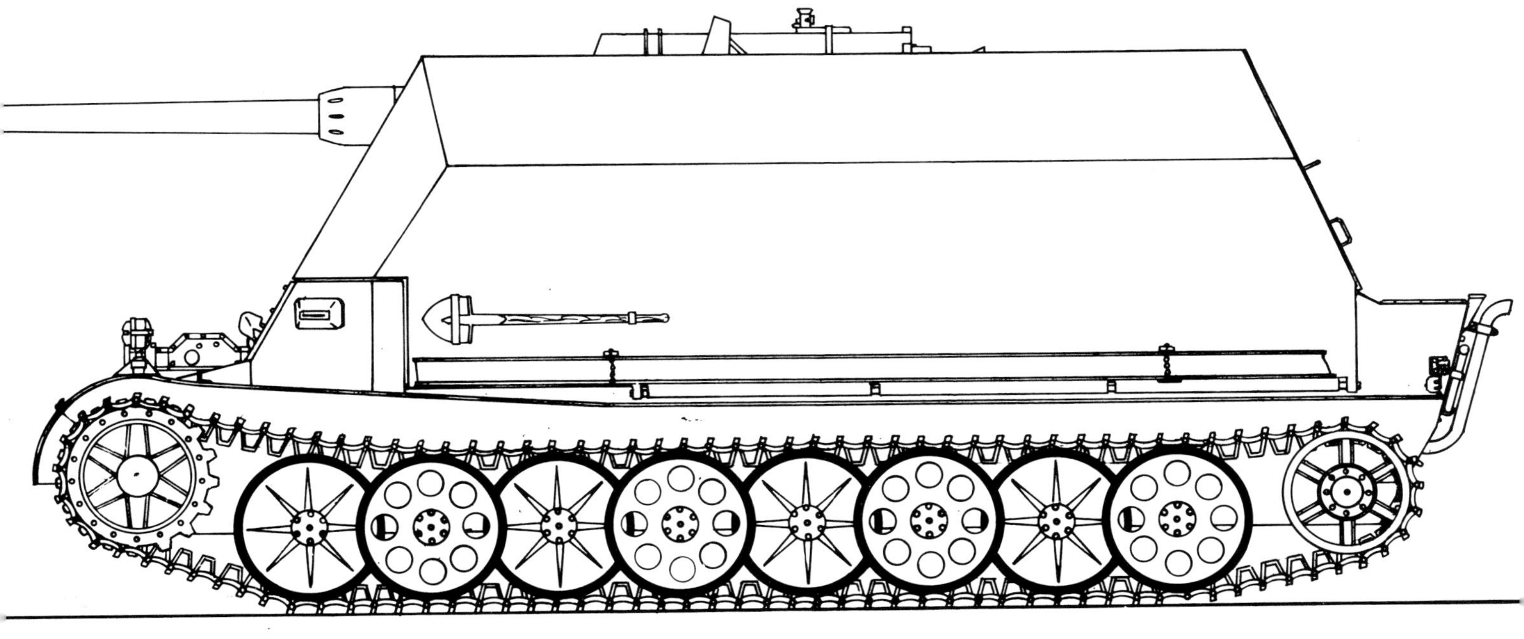

Weitere interessante Modelle waren die nebenstehenden Prototypen mit einer 8,8 cm Flak 41. Sie gelangten aber ebenfalls nicht zur Serienproduktion. Aus einer Flugabwehrkanone war wegen ihrer guten ballistischen Eigenschaften auch die wirkungsvollste Panzerabwehrwaffe geworden. Man versuchte, sie für das Gefechtsfeld immer mehr zu verbessern, ohne ihre ursprüngliche Aufgabe als Flugabwehrkanone aufgeben zu wollen. Das führte zu einigen Fehlentwicklungen, bis schließlich die 8,8 durch einige Änderungen als reine Kampfwagenkanone (KwK) auf Panzerfahrgestelle gesetzt wurde.

Oben und rechts: Ein "Nashorn" mit der 8,8 cm Kanone. Mündungsbremse und Rohrhalterung sind klar erkennbar.

Um den Weg aufzuzeigen, den die 8,8 cm Flak zur 88 mm KwK genommen hat, sind hier die wesentlichsten Typen genannt:
Sd.Kfz. 164/1 8,8 cm Pak 43/1 L/71 auf Panzerjäger III als "Hornisse", später Sd.Kfz. 161 als "Nashorn" auf Fahrgestell des Panzers IV;
Sd.Kfz. 184 8,8 cm Pak 43/2 L/71 auf Panzerjäger Tiger P als "Elefant";
Sd.Kfz. 173 8,8 cm Pak 43/3 L/71 auf Panzerjäger Panther (Jagdpanther).
Als wesentlichste Veränderung von der 8,8 cm Flak zur 8,8 cm Pak sind wohl die Mündungsbremse und die elektrische Abfeuerung zu nennen.

Rechts: Ein "Elefant" (Sd.Kfz. 184) mit der bewährten 8,8 KwK.

Der Jagdpanther (Sd.Kfz. 173) mit der 8,8 cm Pak 43/3, L 71 galt als einer der besten Panzerjäger im Zweiten Weltkrieg.

Auch der Tiger I hatte die 88 KwK 36 L/56. Die aus der 8,8 cm Flak entwickelte Kanone hatte durch ihre hohe Anfangsgeschwindigkeit (V_0) von 810 m/sek eine flache Flugbahn. Die später entwickelte 88 KwK 43 L/71 hatte sogar eine V_0 von 1.120 m/sek.

Unten: Das Bild zeigt einen Jagdpanther mit dem Geschützrohr der 88 KwK mit Mündungsbremse, das trotz seiner Länge keine Rohrstütze brauchte.

Außer der Luftwaffe hatten auch das Heer, die Marine und einige SS-Verfügungstruppen eigene Flakeinheiten, deren schwere Batterien mit der 8,8 cm Flak ausgerüstet waren.
Im Verlauf des Krieges wurden immer mehr Batterien ortsfest versockelt. Das sollte sich als großen Fehler erweisen. Viele Batterien mußten beim Einbruch des Gegners in das Reichsgebiet verlassen und gesprengt werden, da eine notwendige Verlegung nicht möglich war. Außerdem sparte man durch das Versockeln kein Material ein, da ein Sockel meist mehr Eisenstahl verschlang als eine Kreuzlafette.
Abschließend sei noch eine Geschütz-Bestandsaufnahme der 8,8 cm Flak 18/36/37 der Flakartillerie vom Februar 1945 gegeben. Erhoben vom Generalquartiermeister im Generalstab der Lw.

– 8,8 cm Flak 18/36/37 (verlegefähig v)	3.590 Geschütze
– 8,8 cm Flak 36/37 (Eisenbahn)	41 Geschütze
– 8,8 cm Flak 18/36/37 (behelfsm. v)	1.493 Geschütze
– 8,8 cm Flak 18/36/37 (ortsfest o)	4.178 Geschütze

Das Ende vieler 8,8 cm-Geschütze.

8,8 cm FLAK 41

Schon vor dem Zweiten Weltkrieg war durch die Fortentwicklung der eigenen Luftwaffe klar, daß die Leistungen der 8,8 cm Flak 18/36/37 bald nicht mehr ausreichen würden, die sicher nicht weniger fortschrittlichen gegnerischen Flugzeugtypen wirksam bekämpfen zu können. Rheinmetall-Borsig begann daher 1939 mit der Entwicklung eines Geschützes, das der alten 8,8 cm Flak weit überlegen sein sollte. 1942 kam von dieser neuen 8,8 cm FLAK 41 die O-Serie von 44 Geschützen auf Befehl Hitlers sofort nach Afrika zu Rommels Truppe. 50 Prozent der Geschütze wurden bei der Überfahrt im Mittelmeer versenkt. Bei den restlichen eingesetzten Geschützen konnten die sich einstellenden "Kinderkrankheiten" nur schwer behoben werden. Trotzdem war die 8,8 cm Flak 41 das damals beste Flakgeschütz der Welt, dessen Fertigungsanlauf allerdings nur sehr schleppend verlief. So kam es, daß 1945 erst 279 Geschütze im Einsatz waren.

Die 8,8 cm FLAK 41 stand mit ihrer Drehkranzlafette auf einer Kreuzbettung. Der fünfteilige Rohraufbau mit dreiteiligem Seelenrohr für Messinghülsen erwies sich als ungünstig. Ab dem 153. Rohr gab es ein vierteiliges für vergütete Stahlhülsen und schließlich ein durchgehendes Seelenrohr für unvergütete Stahlhülsen. Der Verschluß war ein halbautomatischer Schubkurbelverschluß mit hydraulisch-pneumatischem Rollenansetzer. Für den Fronteinsatz war diese Waffe mit einem Schutzschild versehen. Nicht nur wegen der geringen Feuerhöhe von 1.250 mm und der hohen V_O von 1.000 m/sek, sondern auch wegen der größeren ballistischen Werte übertraf sie die anderen 8,8 cm Flak-Waffen bei weitem. (Siehe Tabelle im Anhang)

Für die Bekämpfung von Luftzielen war der Höhenschwenkbereich bis +90 Grad von großem Vorteil. Die Feuerleitung von der Befehlsstelle I erfolgte über das Folgezeigersystem 37. Fahrbar war die 8,8 cm Flak 41 auf dem Sonderanhänger 202. Im Mai 1943 stellte Krupp das erste Geschütz dieser Art auf einer Selbstfahrlafette vor.

Um die guten ballistischen Leistungen der 8,8 cm Flak 41 auch mit der Lafette der 8,8 cm Flak 18, 36 und 37 zu erreichen, stattete man diese 8,8 cm FLAK 37/41 mit einem verlängerten Rohr mit Mündungsbremse aus. Auch die Zünderstellmaschine und der Rollenansetzer waren wie bei der Flak 41. Wegen des längeren Rohres wurden die Ausgleichsfedern verstärkt und der Luftdruck im Luftvorholer erhöht. In Fahrstellung auf dem Sonderanhänger 202 wurde das Rohr auf der Wiege zurückgezogen. Wegen Munitionsnachschubschwierigkeiten für diese Flak 37/41 kamen aber nur wenige Geschütze dieser Art zum Einsatz.

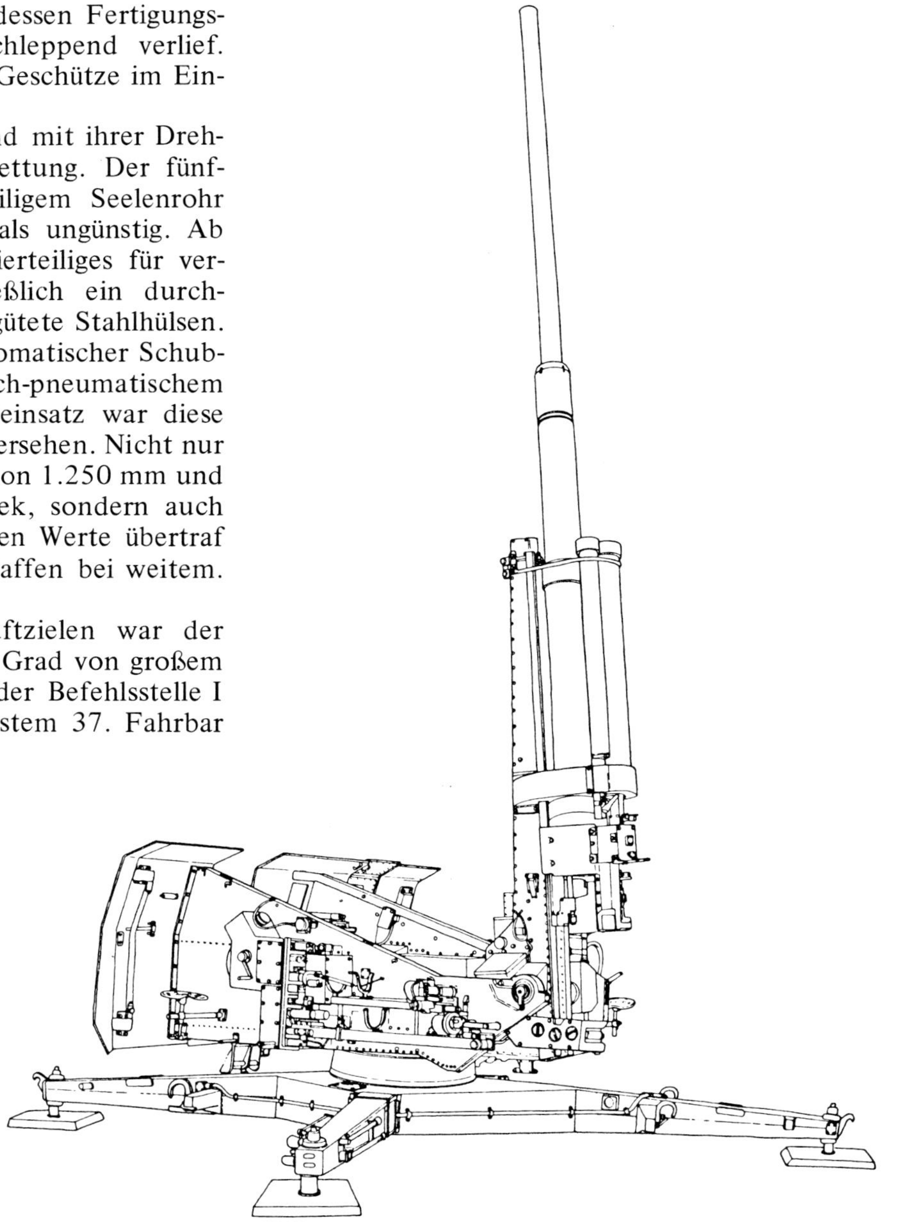

Die Skizze zeigt die linke Seite einer 8,8 cm Flak 41 mit der Zünderstellmaschine und einem Schutzschild für den Erdeinsatz.

Eine 8,8 cm Flak 41 auf dem zweiachsigen Sonderanhänger 202 in Fahrstellung. Die Rohrbremse, der Luftvorholer und der Kraftspeicher mußten dafür entkuppelt und das Rohr zurückgezogen werden. Es zeigte in Fahrstellung nach hinten.

Mitte: Die Richtsitze an der Höhen- und Seitenrichtmaschine waren in Fahrstellung an die Lafette geklappt. Das Rohr ist bei dem abgebildeten Geschütz noch nicht zurückgezogen.

Unten: Die Seitenholme und die Schutzschilde wurden in Fahrstellung bei der 8,8 cm Flak 41 eingelegt. (BA)

Eine der ersten 8,8 cm Flak 41 mit der Kreuzlafette. An der linken Seite der Oberlafette ist die Zünderstellmaschine mit dem Handrad für den Kommandobetrieb erkennbar, durch den die vom Kommandogerät übermittelten Zünderlaufzeitwerte am Geschütz eingestellt wurden. Mit der Kurbel an der Breitseite wurde die mechanische Kraft zum Stellen des Zünders erzeugt.

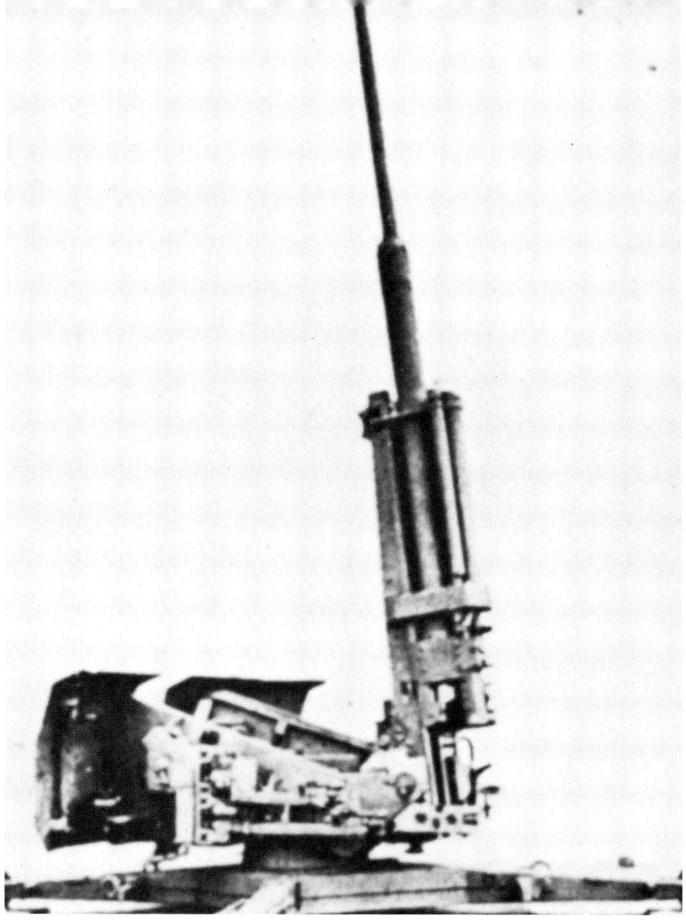

Bei dieser 8,8 cm Flak 41 ist die größte Rohrerhöhung von 90 Grad fast erreicht.

Unten: Eine 8,8 cm Flak 41 in Feuerstellung. Direkt hinter dem Schutzschild sind die beiden Handräder für die Seitenrichtmaschine und der Sitz für den K_2 erkennbar. Durch eine Klappe im Schutzschild konnten durch das Flakzielfernrohr Erdziele anvisiert werden. Bei der Höhenrichtmaschine sind an der Oberlafette zwei Richtsitze angebracht. Bei der Bekämpfung von Flugzielen waren zwei Höhenrichtkanoniere erforderlich, da die 8,8 cm Flak nur mit der Hand gerichtet werden konnte.

Die linke Geschützseite mit der Zünderstellmaschine und den Halterungen, in die die Patronen von den Munitionskanonieren gelegt wurden. Der K7 hat sie von da in die Zünderstellbecher gedrückt.

Unten: Das Bild zeigt die Ansicht einer 8,8 cm Flak 41 auf einem Sonderfahrgestell mit abklappbaren Seitenteilen.

Die 8,8 cm Flak 41 auf einem Sonderfahrgestell. (BA)

Unten zeigt die Skizze den Versuchswagen mit der 8,8 cm Flak 41.

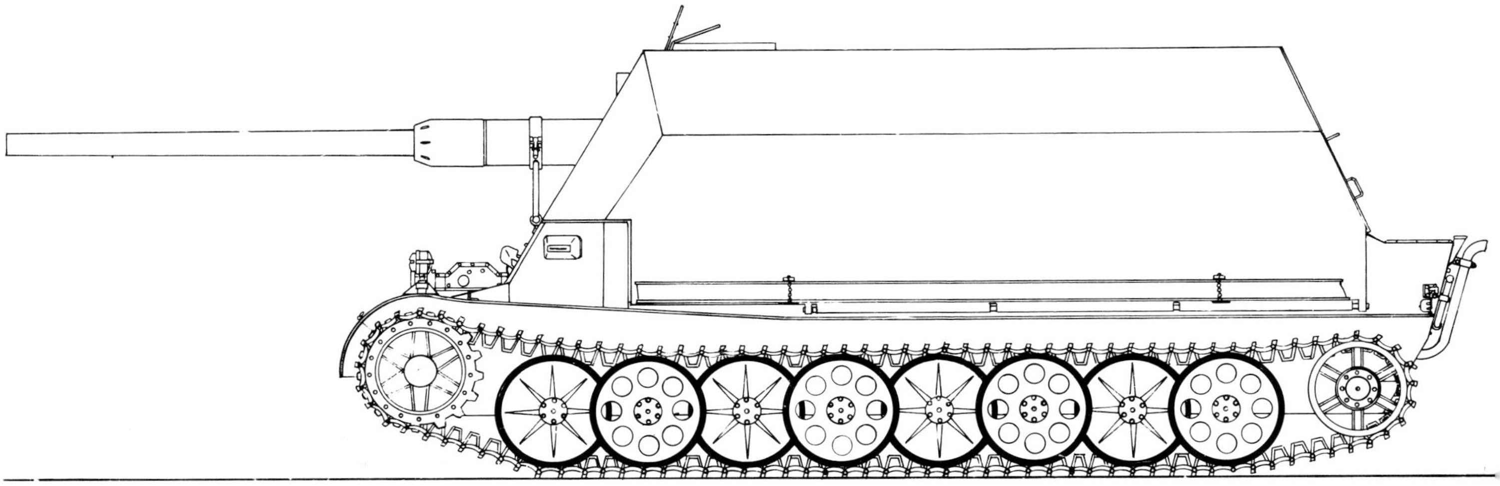

Die 8,8 cm Flak 41 auf Panther I Bauteilen war ebenfalls ein Versuchswagen.

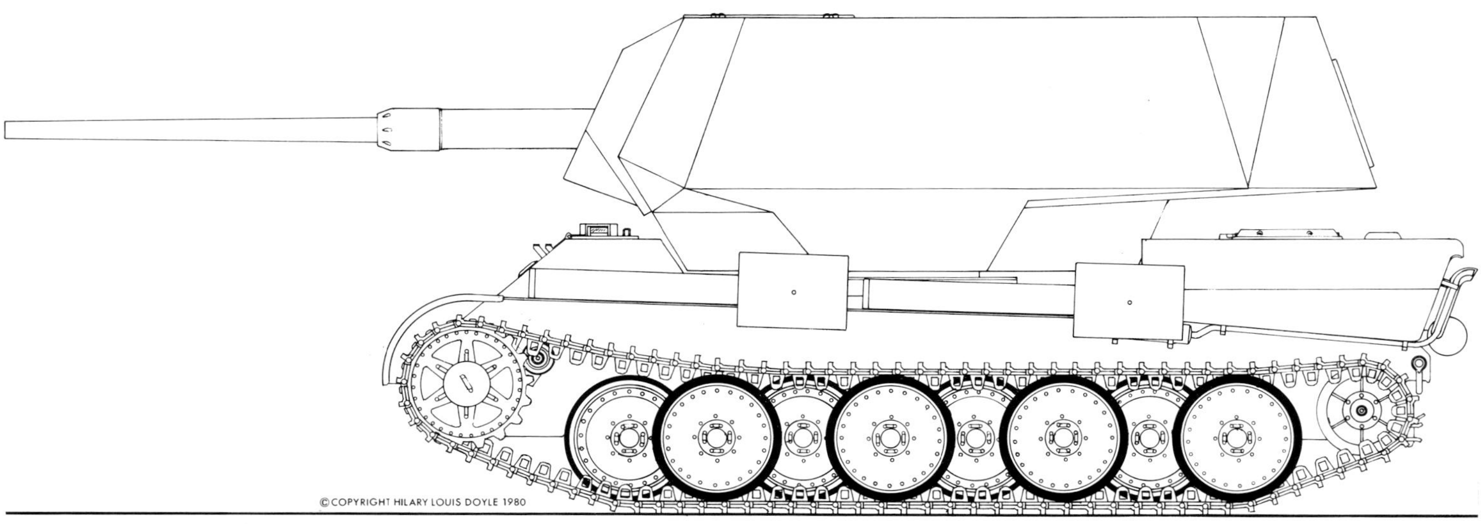

Die ersten 8,8 cm Flak 41 wurden in Afrika eingesetzt. Hier war für sie 1943 aber auch schon der Krieg zu Ende. Die beiden Bilder zeigen zerstörte Geschütze nach der Kapitulation des Afrikakorps bei Tunis.

Von der Durchschlagskraft der 8,8 cm-Panzergranaten hatten die Gegner verständlicherweise alle Hochachtung.

Die Durchschlagsleistung der 8,8-Panzergranate 39:

auf 100 m betrug sie 194 mm
auf 500 m betrug sie 177 mm
auf 1.000 m betrug sie 159 mm
auf 1.500 m betrug sie 142 mm
auf 2.000 m betrug sie 127 mm

Die Durchschlagsleistung der 8,8-Panzergranate 40:

auf 100 m betrug sie 237 mm
auf 500 m betrug sie 216 mm
auf 1.000 m betrug sie 192 mm
auf 1.500 m betrug sie 171 mm
auf 2.000 m betrug sie 152 mm

10,5 cm FLAK 38, 39

Die 10,5 cm Flak war ursprünglich von der Marine entwickelt und von Rheinmetall als 10,5 cm FLAK 38 für die Verwendung an Land umkonstruiert worden. Das Geschütz stand auf einer Pivotsockellafette. Die Pittler-Thoma-Hydraulikanlage der Höhen- und Seitenrichtmaschinen wurden mit Gleichstrommotoren getrieben, ebenso die automatische elektrische Ladeeinrichtung mit zwei Ladeschalen. Laden von Hand war wegen des Patronengewichts von 26 kg und des Geschoßgewichts von 15,1 kg nicht mehr möglich. Bei Stromausfall konnten die Rollenansetzer zur Not mit Hilfe eines Seilzuges betätigt werden. Der halbautomatische Querkeilverschluß mit elektrischer Abfeuerung erlaubte eine Feuergeschwindigkeit von 12 bis 15 Schuß pro Minute.
1940 kam die verbesserte 10,5 cm Flak 39 zur Truppe. Bei dem Geschütz war die Stromversorgung von Gleichstrom auf Wechselstrom umgestellt worden, um bei ortsfesten Batterien den Strom aus dem öffentlichen Stromnetz nehmen zu können. Als Übertragungsgerät vom Feuerleitgerät wurde zunächst das Lampengebersystem und später das Übertragungsgerät 37 mit Folgezeigern eingesetzt. Das ursprünglich einteilige Rohr wurde in ein fünfteiliges geändert, wobei das 5.547 mm lange Seelenrohr mit 36 Zügen aus drei Teilen bestand. Wie aus der Tabelle im Anhang zu ersehen ist, waren die ballistischen Werte besser als die der 8,8 cm Flak 18/36/37. Vom Modell 8,8 cm 41 wurden sie allerdings später übertroffen.
Eingesetzt wurde die 10,5 cm Flak vor allem im Heimatgebiet, aber auch in rückwärtigen Frontgebieten zum Schutz wichtiger Objekte. Zum Teil wurden die Batterien ortsfest versockelt, oder auf Eisenbahnplattformwagen montiert. Der größte Teil war aber fahrbar auf dem zweiachsigen Sonderanhänger 203. Für den Fronteinsatz war das Geschütz wegen des hohen Gewichts von 14.600 kg in Fahrstellung und 10.240 kg in Feuerstellung ungeeignet.
Geschützbestand im Februar nach einer Zusammenstellung des Generalquartiermeisters im Generalstab der Luftwaffe:

– 10,5 cm Flak 38/39 (v)	898 Geschütze
– 10,5 cm Flak 38/39 (Eisenbahn)	110 Geschütze
– 10,5 cm Flak 38/39 (o)	876 Geschütze

10,5 cm Flak 38.

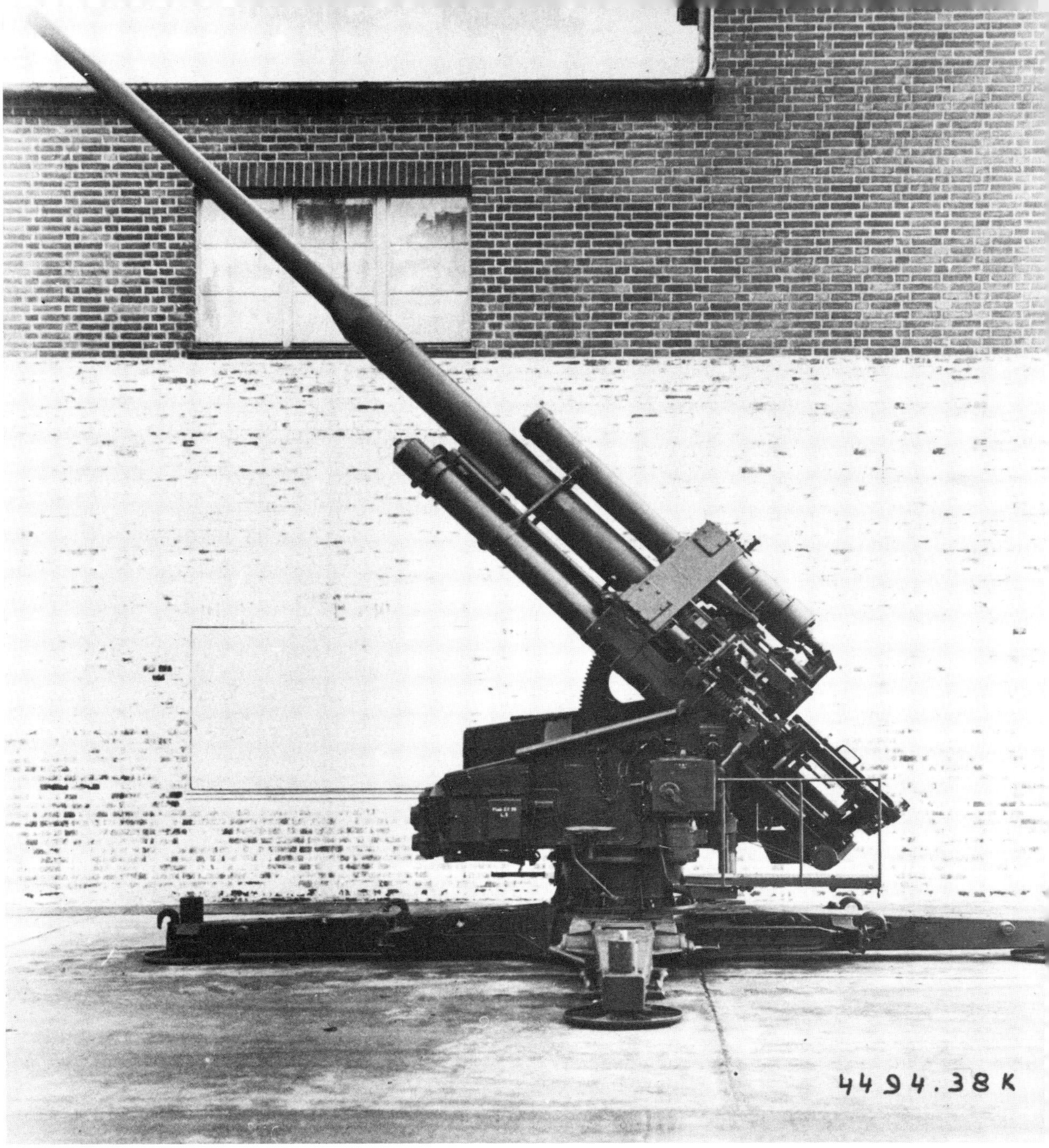

Bild oben zeigt die linke Geschützseite einer 10,5 cm Flak 38 mit der Zünderstellmaschine, dem zugehörigen Empfänger und Motor an der Oberlafette. Die vom Empfänger angezeigten oder auf anderem Weg übermittelten Zünderlaufzeit-Werte wurden mittels eines Handrades an der Stirnseite des Getriebekastens eingestellt und durch den Kommandotrieb elektrisch auf den Stellkopf übertragen. Bei Ausfall des Elektromotors erfolgte der Antrieb durch Handbetrieb mit Hilfe der Kurbel am Getriebekasten. Links neben dem Zünderstellkasten ist der Zünderstellsitz für den K_6 zu erkennen. Die Plattform für den Ladekanonier, den K_3, konnte bei großer Rohrerhöhung bis zu 90 Grad geschwenkt werden. (BA)

Wirkungsweise der Rohrbremse

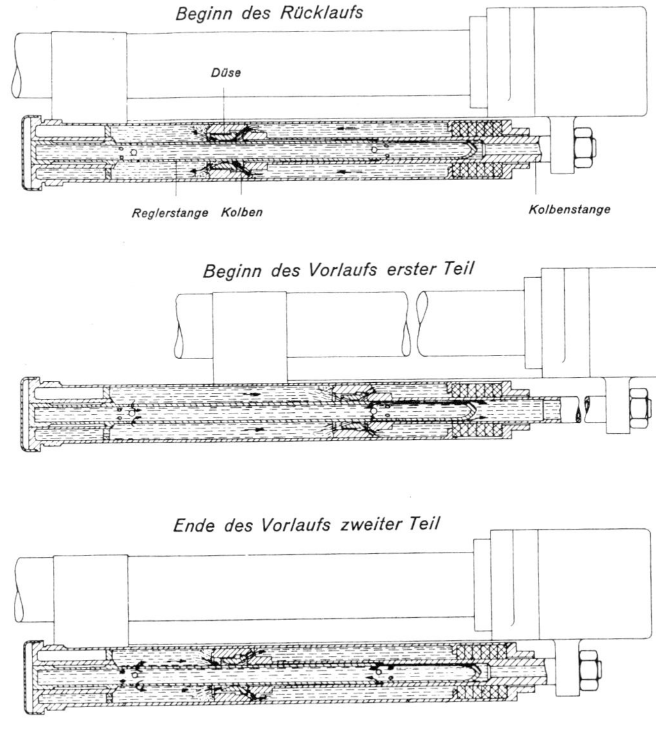

Die Rohrbremse mit Flüssigkeitsausgleicher, deren Wirkungsweise rechts skizziert ist, war in der Rohrwiege zwischen beiden Federausgleichern gelagert. Die Füllung des Bremszylinders bestand aus 15,5 l Bremsflüssigkeit.

Ansicht von links

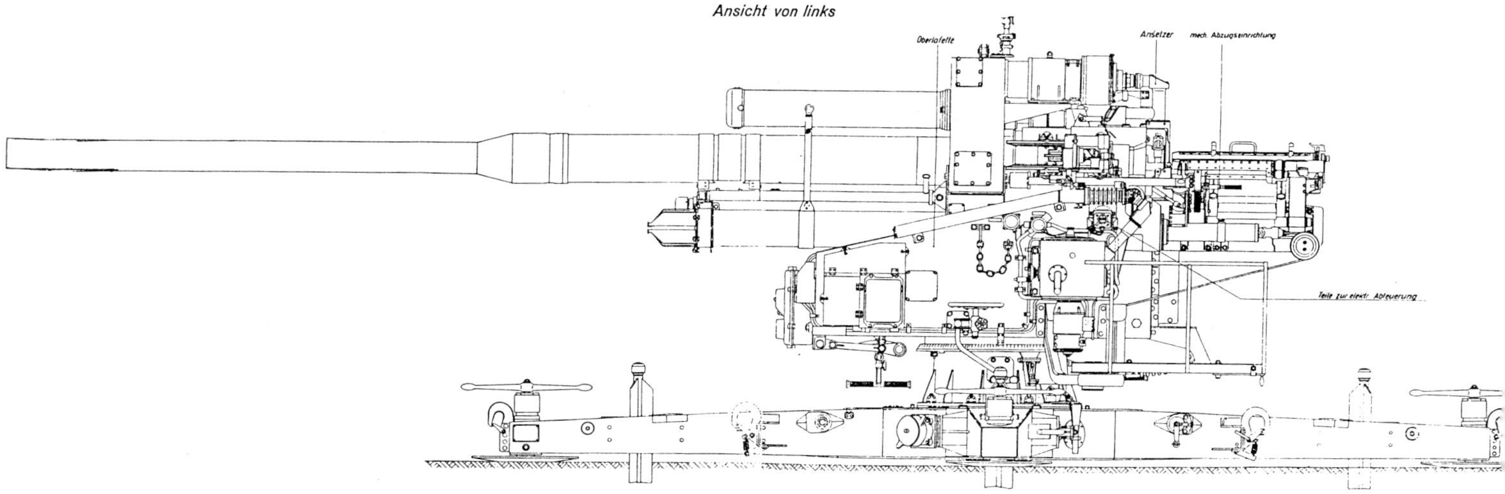

Die Skizze zeigt die linke Geschützseite der 10,5 cm Flak 38 mit der oben beschriebenen Zünderstellmaschine, der Ladebühne, der Ladeschale und der elektrischen Ladevorrichtung. Auf dem Vorholerträger für den Luftvorholer steckt in einer Hülse an höchster Stelle des Geschützes das Rundblickfernrohr.

Längsschnitt

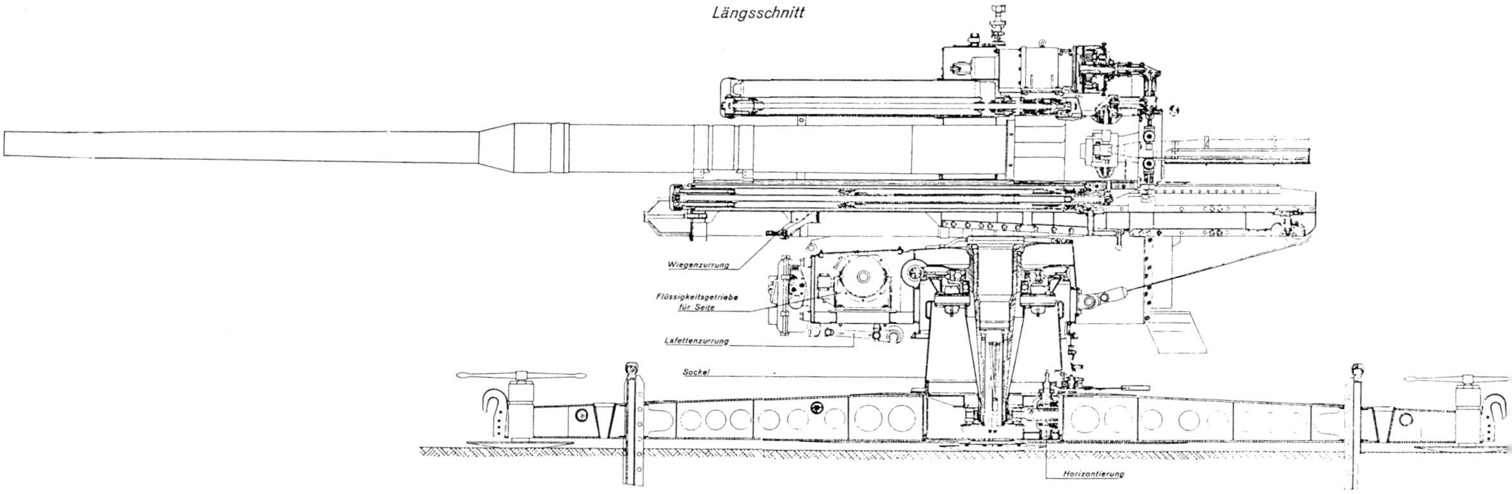

Bei diesem Längsschnitt der 10,5 sind auch der Luftvorholer und die Rohrbremse im Durchschnitt zu sehen. Hinter dem Vorholerträger liegt der Ansetzermotor mit den Ansetzerrollen, die die Patrone ins Rohr ziehen.

Ansicht von rechts

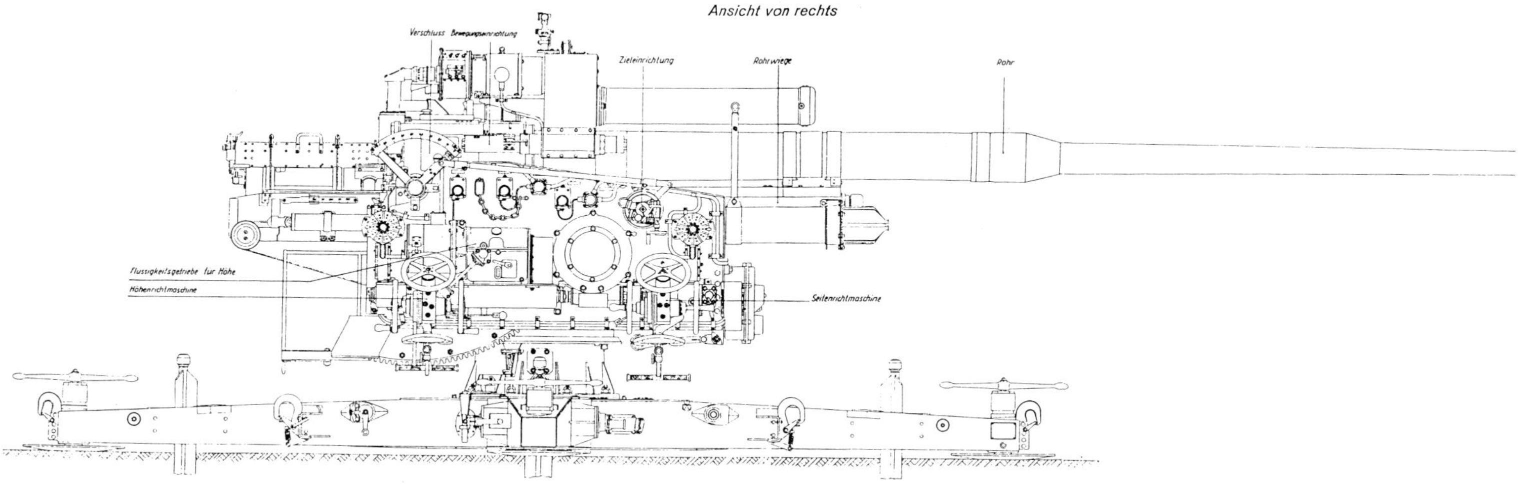

An der Oberlafette der rechten Geschützseite sind vor allem die Höhen- und Seitenrichtmaschine mit den dazugehörigen Handrichträdern sowie die Richtsitze zu erwähnen.

Ansicht von oben

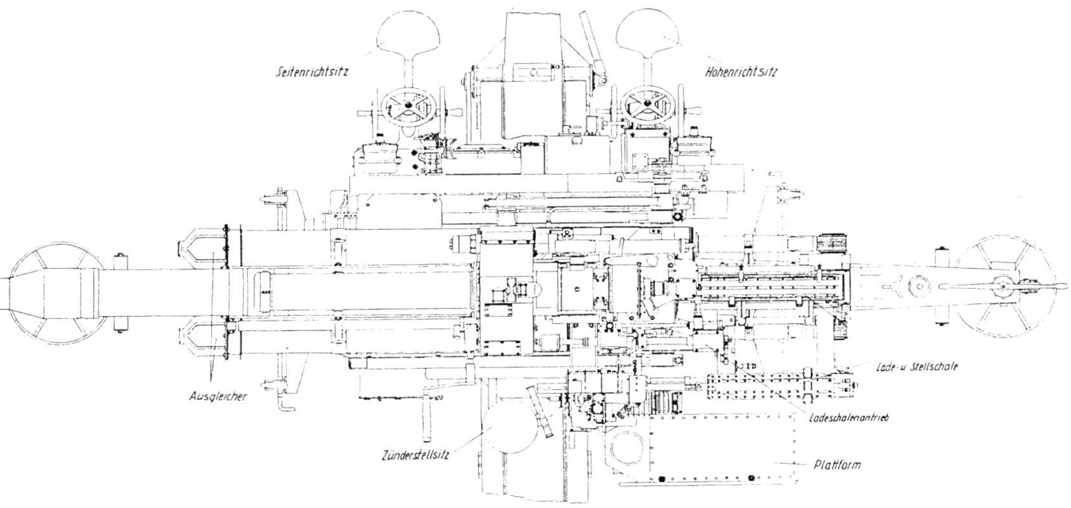

Geschütze bis zur laufenden Nr. 120 hatten ein ungeteiltes Seelenrohr.

1a ungeteiltes Seelenrohr
2 Rohrmantel
3 Bodenstück
5 Bajonettring
6 Rohrklaue
7 Schutzblech
30 Griff
53 Gleitschuh
118 Öffnungskurbel

Rohr mit geteiltem Seelenrohr:

1 Seelenrohr
2 Rohrmantel
3 Bodenstück
5 Bajonettring
6 Rohrklaue
7 Schutzblech
8 hinteres Futterrohr
9 vorderes Futterrohr
10 vorderes Seelenrohr
11 hinteres Seelenrohr
12 Spannmutter
53 Gleitschuh
118 Öffnungskurbel mit
30 Griff

Die zwei Ausgleicher hatten den Zweck, das Vordergewicht der schwingenden Teile des Geschützes in allen Erhöhungslagen auszugleichen. Sie waren in Rohren der Wiege untergebracht und machten die Rohrerhöhung mit.

275 Schraubendruckfeder
282 Zugstange
283 Schutzrohr
285 Bündelseil, das zum Lager der Oberlafette führt

Rohr mit ungeteiltem Seelenrohr

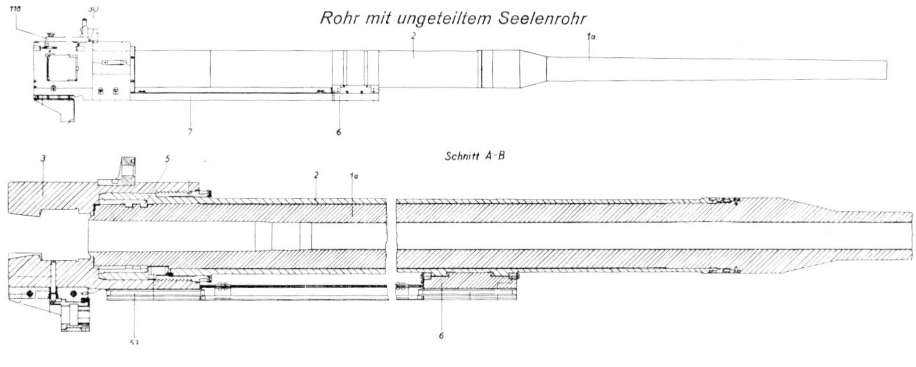

Rohr mit geteiltem Seelenrohr mit Futterrohren

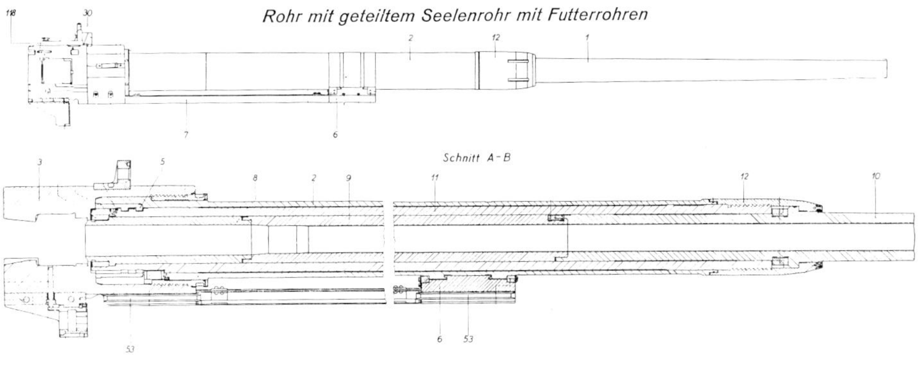

Ausgleicher

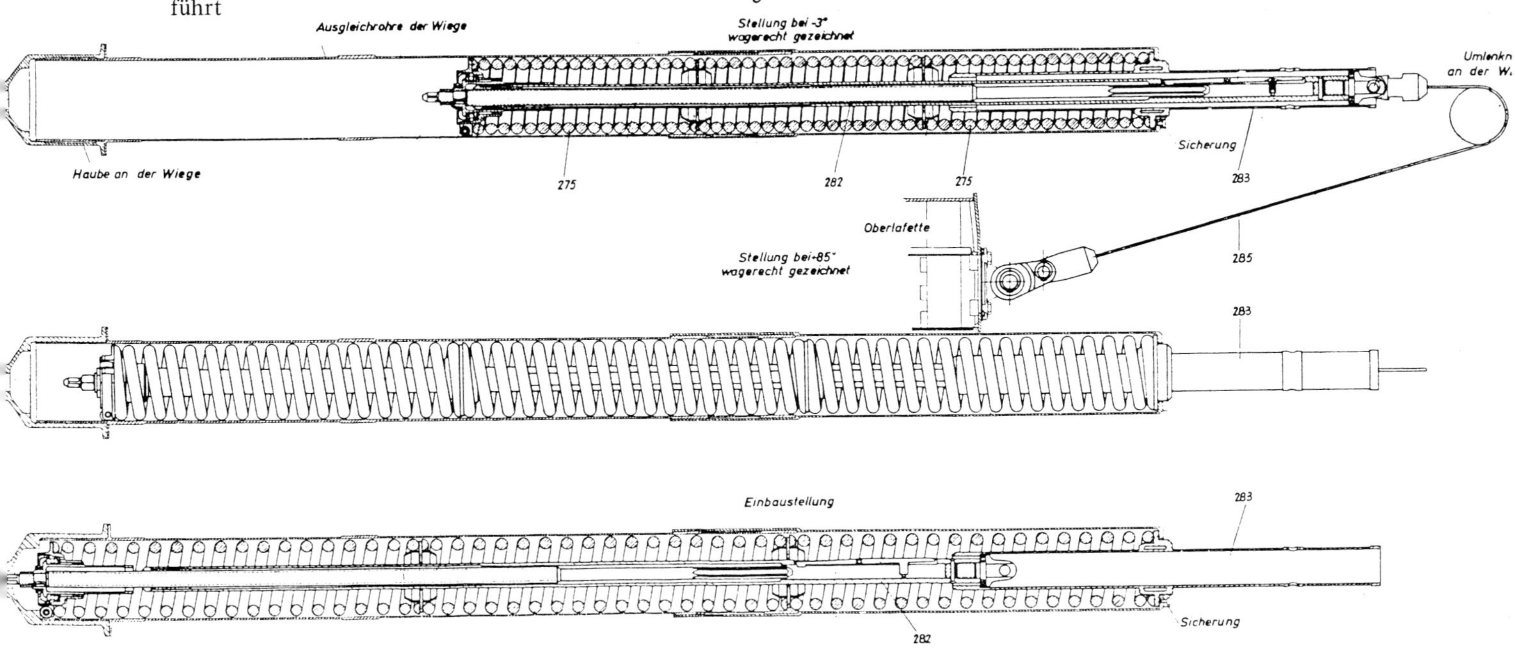

Der Ladekanonier steht auf der Ladebühne. Die in der Stellschale vor ihm eingelegte Patrone liegt mit ihrer Spitze vor dem Zünderstellkopf. Bei einem kurzen Druck auf die Patrone fährt der Zünderstellkopf auf die Patronenspitze und stellt die eingegebene Zünderlaufzeit ein. Mit einem kurzen Ruck des K_3 am Stellschalenhandgriff (Bild rechts) wird die Patrone aus der Stellschale in die Ladeschale befördert. Diese schwenkt ein und bringt die Patrone vor das Rohr. Elektrisch angetriebene Gummirollen des Ansetzers befördern die Patrone weiter ins Rohr. Danach schwenkt die Ladeschale automatisch wieder nach außen.

Ein drittes Bild anläßlich einer Besichtigung der 1./407 in einer Stellung bei Düsseldorf 1941. Die beiden Richtkanoniere sitzen auf ihren Richtsitzen, vorn der K_2 an der Seitenrichtmaschine, dahinter der K_1 an der Höhenrichtmaschine. Mit je zwei senkrecht stehenden Handrädern konnte das Geschütz mit der Hand der Seite, bzw. der Höhe nach geschwenkt werden. Mit den schräg liegenden Handrädern wurde es motorisch gesteuert. Der Kanonier im Vordergrund steht vor dem Schaltkasten, an dem die Elektromotoren ein- und ausgeschaltet wurden.

Ein Bild für die Heimat. Der Kanonier steht neben der Seitenrichtmaschine. Er trägt noch ein Brustmikrophon, das der Geschützführer zur Verständigung mit der Feuerleitstelle benötigte. Sie wurden sehr bald durch Kehlkopfmikrophone ersetzt.

Höhenrichtmaschine

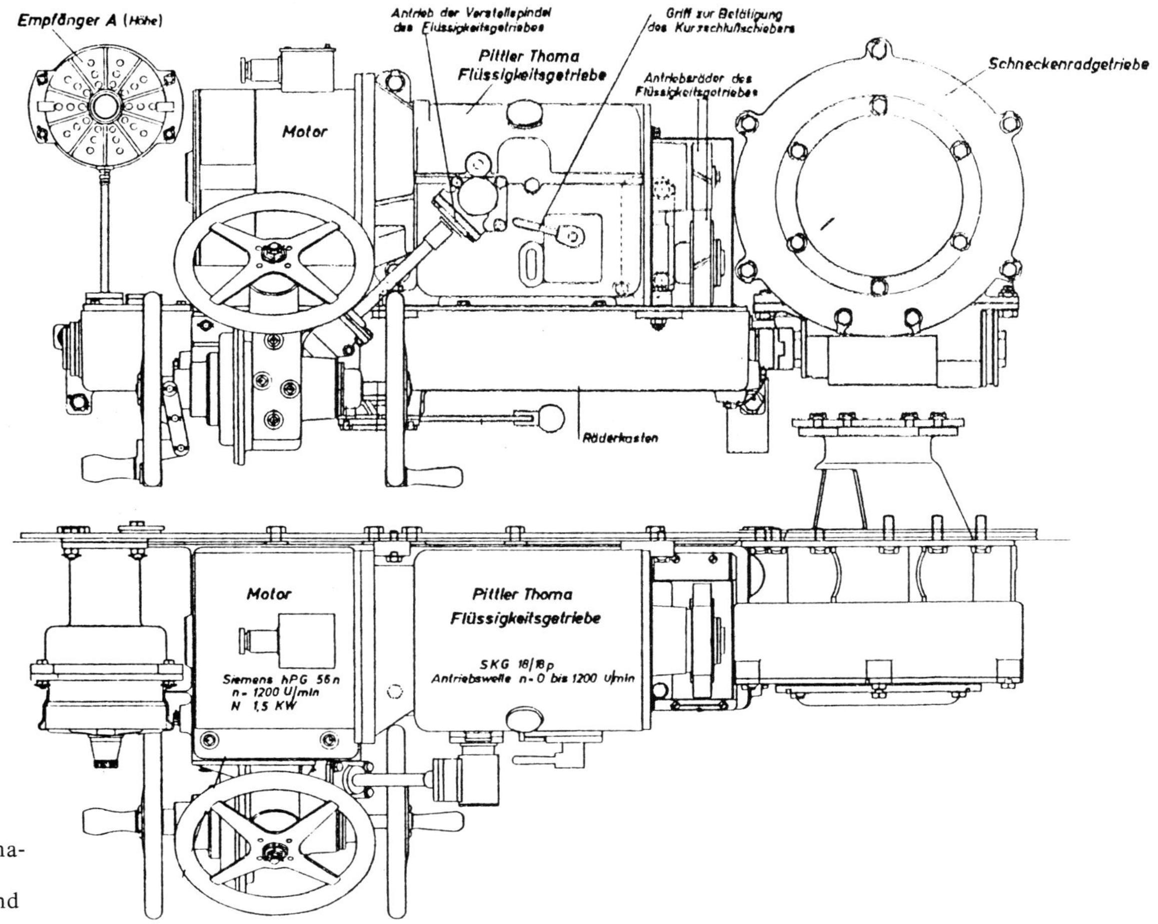

Die Höhen- bzw. Seitenrichtmaschine setzte sich zusammen aus dem Motor mit dem Pittler-Thoma-Flüssigkeitsgetriebe, dem Räderkasten mit Doppelhandantrieb und Handmaschinen-Steuerrad, dem Schneckenradgetriebe und dem Empfänger A für Höhe bzw. B für die Seite. Das Flüssigkeitsgetriebe für Seite und Höhe war zwischen den Elektromotor und das Rädergetriebe geschaltet. Es diente zur stufenlosen Regelung der Umdrehungszahlen der Antriebswelle bei konstanter Drehzahl des Elektromotors.

Seitenrichtmaschine

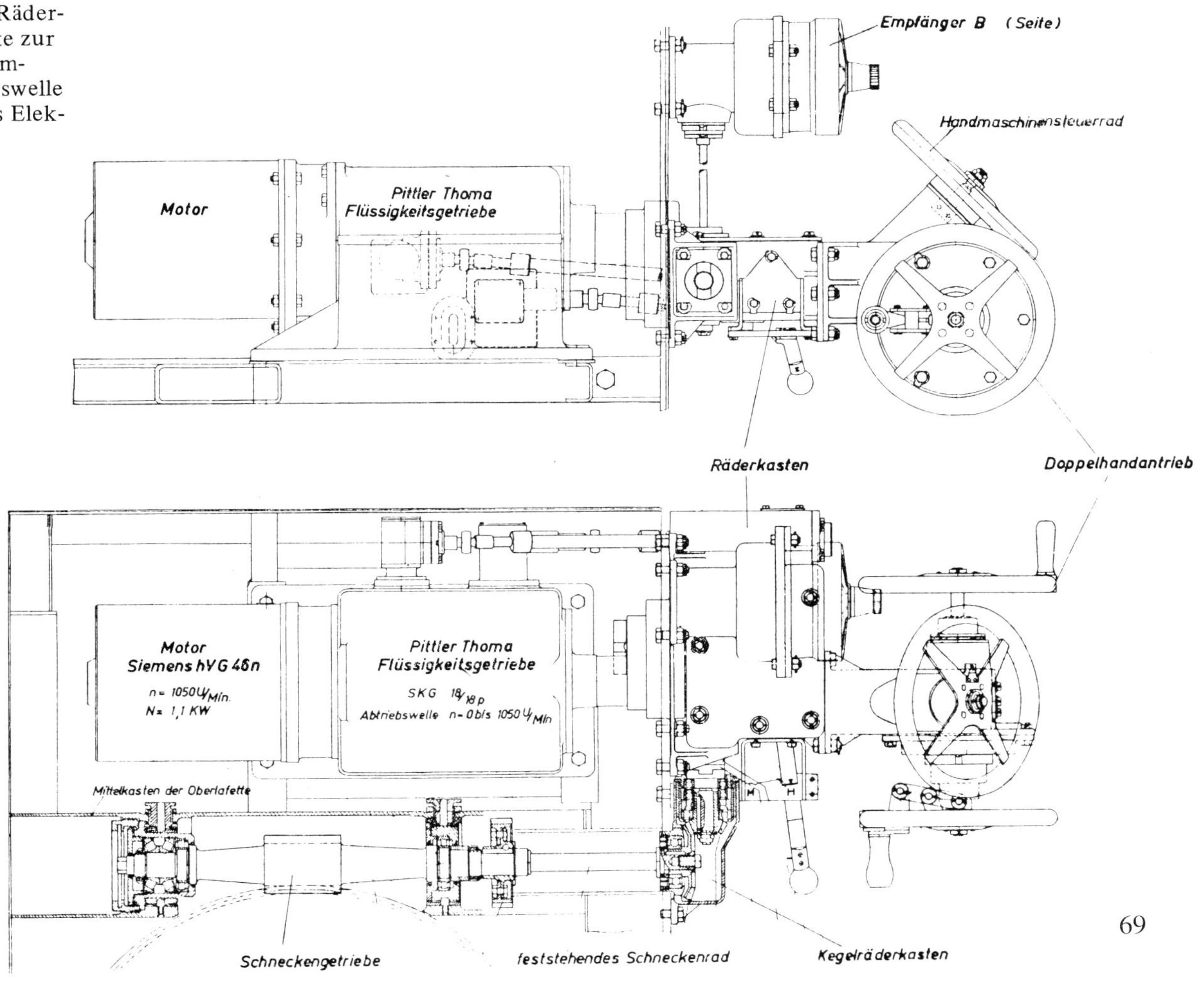

Diese 10,5 cm Flak 38 steht in einer ausgebauten Stellung im Süden. Der Höhen- und Seitenrichtkanonier bekommen ihre Werte vom Kommandogerät noch auf Lampenempfänger übermittelt. Diese sind jeweils durch Lederrohre vor Blendwirkungen geschützt. Später wurde bei der 10,5, wie bei der 8,8 cm Flak 38, das Übertragungsgerät 37 mit Folgezeiger eingeführt.

Zwei eindrucksvolle Bilder vom Einsatz der 10,5 cm Flak bei Nacht.

Selten wurde die 10,5 cm Flak, so wie hier, im Erdkampf eingesetzt. Geschütz "Emil" einer 10,5-Batterie an der Oder beim Beschuß eines russischen Brückenkopfes.

Bild unten zeigt die Geschützbedienung einer 10,5 cm Flak bei der Gerätepflege. Die Munition ist teils in Körben, teils in Blechhülsen um das Geschütz gestapelt. Eine Patrone wog 26,5 kg, das Geschoßgewicht betrug 14,8 kg, die Sprengladung bestand aus 1,5 kg Amatol und die Treibladung aus 5,63 kg Diglycol-Röhrenpulver (Dig.RP). (BA)

Wirkungsweise des Luftvorholers

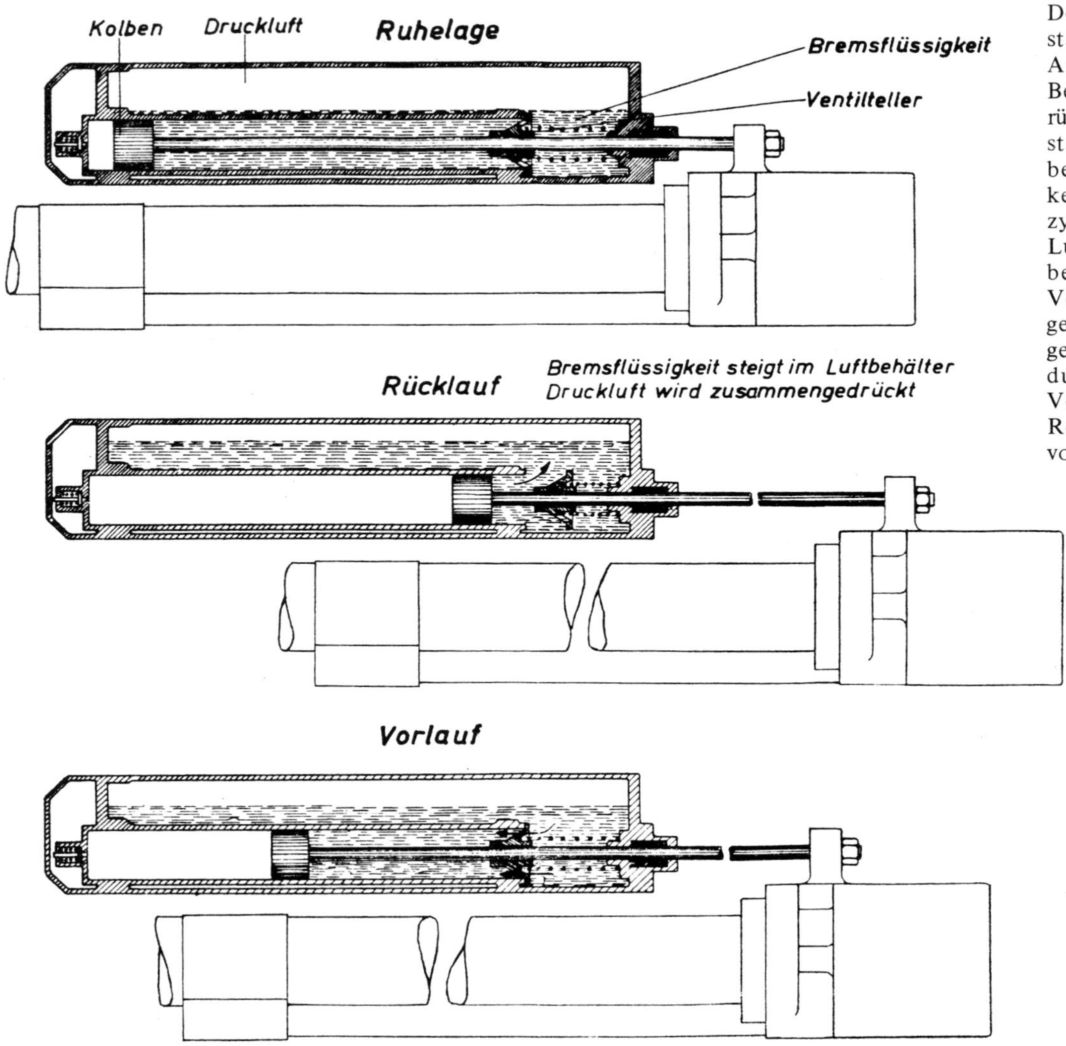

Der Inhalt des Luftvorholers bestand aus 22 l Bremsflüssigkeit. Der Anfangsdruck der Luft betrug 60 at. Beim Schuß wurde durch das zurücklaufende Rohr die Kolbenstange mitgenommen. Der Kolben verdrängte dabei die Flüssigkeit durch ein Ventil in den Luftzylinder und preßte die vorgespannte Luft noch mehr zusammen. Nach beendetem Rücklauf wurde der Ventilteller durch eine Feder gegen den Verdrängerzylinder gedrückt. Die Flüssigkeit wurde durch die Druckluft zurück in den Verdrängerzylinder gepreßt und das Rohr durch die Kolbenstange nach vorn gezogen.

Eine 12 t-Zugmaschine hat ein 10,5 cm Flak-Geschütz zum Einsatzort gezogen. Es ist bereits abgekoppelt und gesenkt. Eine Protze vom Sonderanhänger 203 steht noch beim Geschütz.

Das B am Luftvorholer sagt aus, daß hier das Geschütz "Berta" sein Rohr auf 85 Grad gestellt hat.

Um die 10,5 cm Flak schneller als auf der Straße verlegen zu können, waren über 100 Geschütze auf Spezialwagen der Reichsbahn fest versockelt. Die Plattform für die Geschützbedienung konnte durch Herabklappen der Seitenteile verbreitert werden. Sie wurden, wie auch der Wagen selbst, unter dem Geschütz besonders abgestützt. An den Wagenenden befanden sich Behälter für die Munitionskästen. (2 x BA)

Oben zwei Bilder von einer 10,5 cm Eisenbahnflak-Batterie in Frankreich Ende 1942. Die Aufstellung der Geschütze richtete sich notgedrungen nach den Gleisanlagen der Bahn. Hier eine günstige Aufstellung im Bogen. (2 x BA)

Links: Dieses Zeichen stand an den Eisenbahn-Flak-Sonderwagen. (BA)

12,8 cm FLAK 40

Die ersten 12,8 cm FLAK 40 hatte ähnlich der 10,5 cm Flak eine Kreuzlafette mit Auslegern und zwei Protzen. Das Rohr mußte wegen seines hohen Gewichts für den Transport ausgebaut und gesondert auf einem eigenen Transportfahrzeug befördert werden. Da das für den Stellungswechsel einer Flugabwehrkanone sehr ungünstig war, wurde der Drehkranz der Pivotlafette auf eine Plattform geschraubt, an deren Ecken vier horizontal klappbare Ausleger befestigt waren. Mit einer hydraulischen Hebevorrichtung konnte das Geschütz auf jeweils eine vierrädrige Protze, dem Sonderanhänger 220, gehoben werden. Dennoch blieb das Geschütz weiterhin schwer beweglich und wurde deshalb fast nur ortsfest oder als Eisenbahnflak auf besonderen Plattformwagen eingesetzt.

Die elektrisch angetriebenen Richtmaschinen, mit einem besonderen Schnellgang für die Seitenrichtmaschine, waren denen der 10,5 cm Flak ähnlich. Geladen wurde elektrisch-automatisch. Die Feuerleitung und die Übertragung der Schußwerte erfolgte über ein Fernleitungskabel zu dem Folgezeigersystem 37.
1942 lieferte Hanomag die ersten 12,8 cm FLAK-ZWILLINGSGESCHÜTZE 40. Sie wurden in Großstädten wie Berlin, Hamburg, Wien ortsfest vor allem auf Flaktürmen eingesetzt. Zerlegt auf dem Sonderanhänger 203 mit einer Transportbrücke war eine Verlegung möglich. Die außen- und innenballistischen Daten waren denen der Flak 12,8 cm Flak 40 gleich.
(Siehe Tabelle im Anhang)
Für jedes der beiden Zwillingsrohre war eine eigene Zünderstellmaschine vorhanden, weil es getrennt elektrisch-automatisch geladen werden konnte. Eine Batterie mit vier Zwillingsgeschützen, also mit acht Rohren und einer Feuergeschwindigkeit von 10 bis 12 Schuß je Rohr in der Minute, stellte eine beachtliche Feuerkraft dar.

Die 12,8 cm Flak war mit einer maximalen Schußweite von 20.900 m, einer maximalen Schußhöhe von 14.800 m, einer Zünderreichweite von 12.800 m und einem Geschoßgewicht von 26 kg das wirkungsvollste Flakgeschütz des Zweiten Weltkrieges. Trotzdem war ab Ende 1944 auch mit ihr die Bekämpfung der oft in 10.000 m Höhe einfliegenden gegnerischen Kampfverbände nur beschränkt möglich.

Die Entwicklung einer 12,8 cm Flak 45 kam bis zum Kriegsende über einen Prototyp nicht hinaus. Dieses Geschütz hatte ein verlängertes Rohr. Das Geschoß war mit einem konischen Zapfen versehen und hatte ein Gewicht von 28 kg.

Der Geschützbestand nach einer Zusammenstellung des Generalquartiermeisters im Generalstab der Luftwaffe im Februar 1945:

– 12,8 cm Flak-Zwilling 40 (o)	38 Geschütze
– 12,8 cm Flak 40 (v)	4 Geschütze
– 12,8 cm Flak 40 (o)	429 Geschütze
– 12,8 cm Flak 40 (Eisenbahn)	212 Geschütze

Rechts eine der ersten 12,8 cm Flak 40 noch mit der Kreuzlafette. (BA)

Diese 12,8 cm Flak 40 steht auf einer Plattenlafette mit vier horizontal klappbaren Auslegern.

Hier nochmals beide Ausführungen der 12,8 cm Flak 40. Rechts das erste Modell auf einer Kreuzlafette stehend. Unten die spätere Ausführung mit einer Plattenlafette, vier horizontal ausklappbaren Auslegern und einer Ladebühne, die erst nicht vorhanden war.

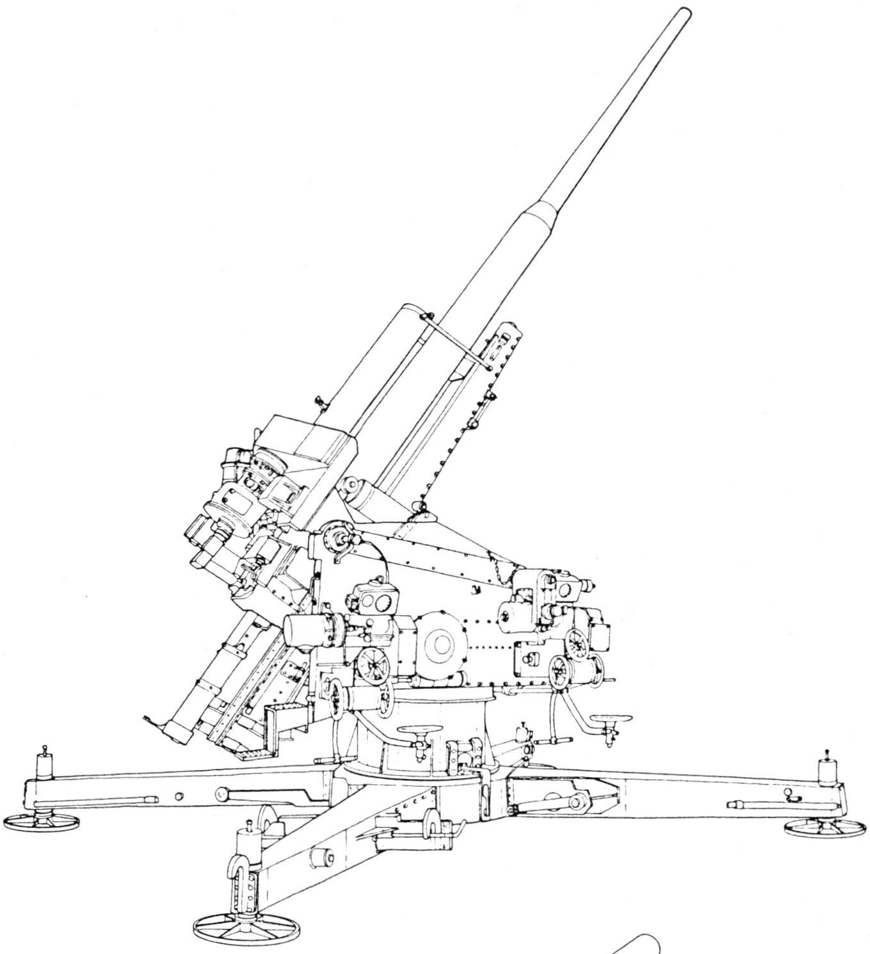

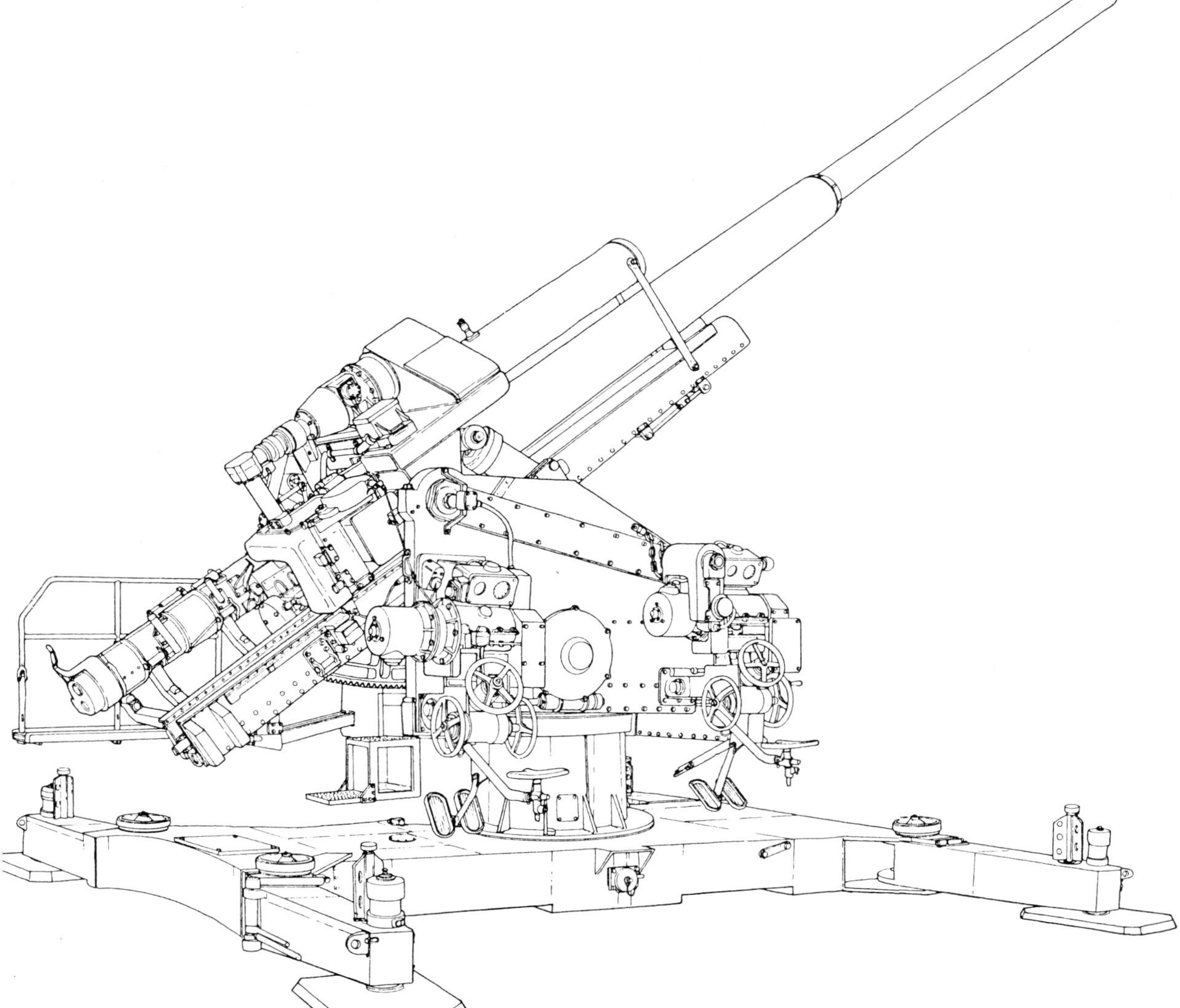

Links: Die rechte Seite einer 12,8 cm Flak 40 mit der Höhen- und Seitenrichtmaschine, die denen der 10,5 cm Flak ähnlich waren.

Die unteren Bilder zeigen die 12,8 cm Flak in Fahrstellung auf dem Sonderanhänger 220. (BA)

Hier ist die rechte Seite einer 12,8 cm Flak 40 zu sehen. In der Bildmitte ist die Seitenrichtmaschine mit dem Sitz für den Seitenrichtkanonier, den K_2. Darüber liegt der Folgezeigerempfänger für die Seitenschußwerte. Links neben dem K_2 saß der Höhenrichtkanonier, der K_1, vor seiner Höhenrichtmaschine und dem Folgezeigerempfänger für die Höhenschußwerte.

Hier ist die Stirnseite des 12,8 cm-Geschützes mit dem Schaltkasten für die Elektromotore. Zwei starke Federausgleicher verbinden Wiege und Oberlafette.

Auf dem unteren Bild sehen wir links neben der Höhenrichtmaschine an der Rohrwiege den Rohrrücklaufmesser, der während des Schießens laufend zu beobachten war. Die 1.300-Marke durfte nicht überschritten werden, andernfalls mußte das Geschütz das Schießen unterbrechen.

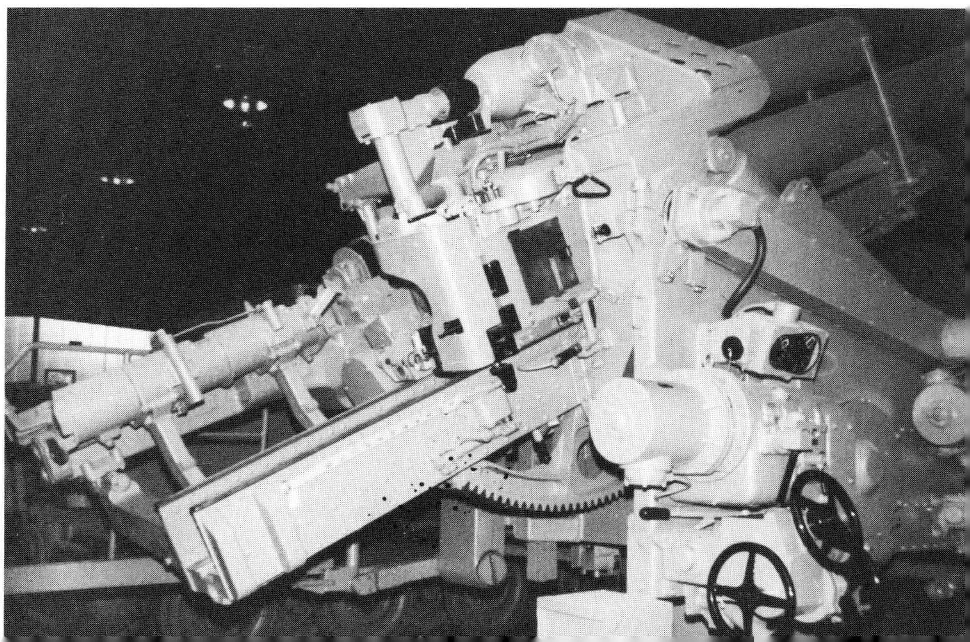

Auf der linken Oberlafettenseite ist die Ladebühne für den K3 und den K4 angebracht. Sie wurde bei einer Rohrerhöhung von 60 Grad bis 88 Grad ausgeschwenkt. Der K3 hatte die hier zu sehenden Schalter für Luft- und Erdbeschuß, den Abfeuerungsknopf und den Ladeknopf zu betätigen. Außerdem mußte er die ihm vom K4 übergebene Patrone in die Stellschale legen.

An der Stirnseite des Geschützes sind der Haupt- und Abfeuerungsschalter, sowie die Schalter für die Motoren für Höhe, Seite, Zünder, Ansetzer und Zünderkraftempfänger zu erkennen, die vom K6 bedient wurden. Durch den Zünderkraftempfänger wurden die Zünderlaufzeiten vom Kommandogerät automatisch eingegeben. Nur bei fernmündlicher Übertragung mußte der K6 die Zünderstellung mit Hilfe eines Handrades einstellen. Das ist auf dem oberen Bild links neben dem Folgezeiger erkennbar. Der K6 stand dabei auf einer besonderen Bühne an der Zünderstellmaschine.

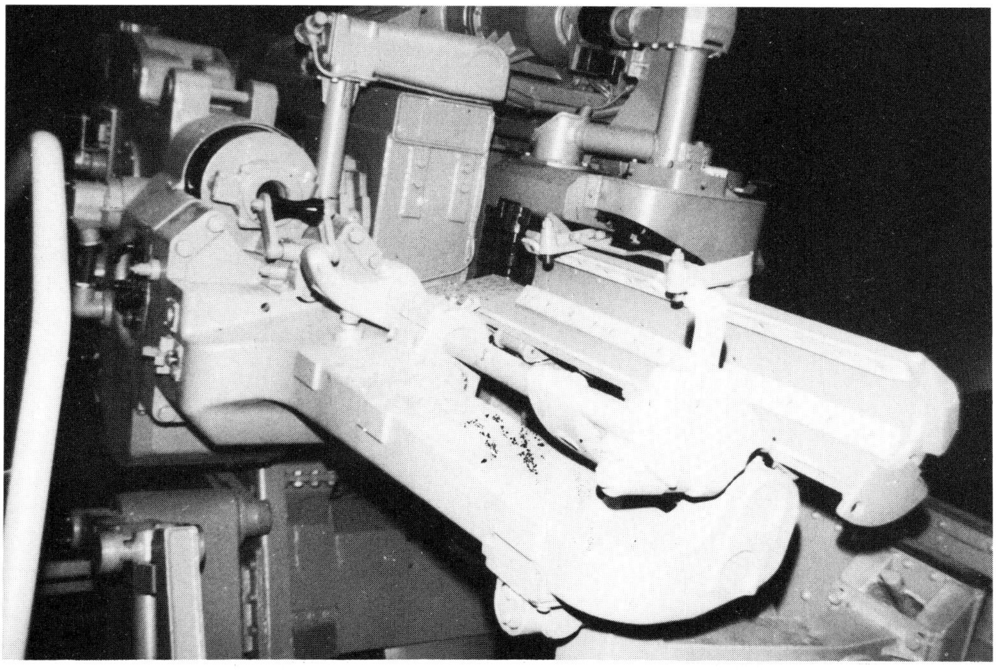

Links ist die Stellschale klar erkennbar. Auf die hier eingelegte Patrone fuhr der Zünderstellkopf auf und der Zünder wurde gestellt. Bei Betätigung des Ladeknopfes schwenkte die Patrone in die Ladeschale und wurde durch die Ansetzerrollen ins Rohr gezogen.

Der Geschützführer beobachtet den K_1 bei seiner Arbeit an der Höhenrichtmaschine. Er selbst ist über die Geschützführerleitung durch einen Kopfhörer und ein Kehlkopfmikrophon mit der Befehlsstelle verbunden. (BA)

Rechts ist der Höhenrichtkanonier bei der Arbeit. Durch Regulieren der Richtgeschwindigkeit mit Hilfe eines Handrades deckt er die Kommandozeiger der Empfänger, die die Schußwerte vom Kommandogerät angeben, mit den Folgezeigern ab. Eine stufenlose Richtgeschwindigkeit wurde, wie bei der 10,5 cm-Flak, über ein Pittler-Flüssigkeits-Getriebe erreicht. Auf dem Luftvorholer über dem Geschützrohr ist der Name des Geschützes B für "Berta" und die Angabe 60 at für die vorgespannte Luft im Luftvorholer zu erkennen. (BA)

Wegen des hohen Gewichtes von 18.000 kg in Feuerstellung und der damit verbundenen schweren Beweglichkeit wurde die 12,8 cm Flak nur ortsfest eingesetzt. Im Bild steht die 12,8 auf einem Flakturm. Diese Flaktürme waren meist gleichzeitig Luftschutzbunker für die Bevölkerung. (BA)

Unten: Hier ein Blick aus dem Munitionsbunker heraus, der sich um den gesamten Geschützstand herum erstreckte. Auf der Ladebühne des Geschützes stehen der K4 und links von ihm der K3. Der K6 dreht mit einem Handrad die Zünderstellung am Folgezeiger ein, was bei automatischem Betrieb nicht erforderlich war. (BA)

Fest versockelt und doch beweglich war die 12,8 Flak auf besonderen Eisenbahnplattformwagen. Hierauf konnte sie rasch vor allem auf Verschiebe- oder Güterbahnhöfe in Großstädte verlegt werden. Wie bei der 10,5-Eisenbahnflak, waren auch bei der 12,8 cm Eisenbahnflak die Seiten der Plattformwagen ausklappbar. Die Munition lag an den Wagenenden. Wenn keine Gefechtstätigkeit zu erwarten war, standen die Rohre zur Entlastung der Federausgleicher auf 85 Grad. (2 x BA)

Oben: Der Tieflader für die 12,8 cm Flak wurde am Einsatzort durch hydraulische Klammern unter der Plattform und durch Hemmschuhe an den Rädern stabilisiert.

Unten: Eine 12,8 cm Eisenbahn-Flak-Batterie steht an der Kanalküste in Frankreich. Bei einem Patronengewicht von 47,7 kg hatten die Munitionskanoniere im Einsatz Schwerstarbeit zu leisten. (BA)

Der 12,8 cm Flakzwilling 40 war vor allem zum Objektschutz in Großstädten auf Flaktürmen eingesetzt. (BA)

Ein "Flakturm", wie diese Betonbunker volkstümlich genannt wurden, ist hier noch im Bau. Auf ihm wurde eine Flakbatterie mit vier Geschützen fest versockelt in Stellung gebracht. Der untere Bunkerteil war ein bombensicherer Schutzraum für die Zivilbevölkerung. (BA)

Unten: Dieser 12,8 cm Flakzwilling steht auf einem Flakturm. Auf der Ladebühne stehen für das rechte Rohr die Ladekanoniere K_{13} und K_{12}. Der K_{15} daneben auf einer gesonderten Bühne stellt bei fernmündlicher Übertragung, oder wie hier beim Geschützexerzieren, die Schußwerte für die Zünderlaufzeit mit einem Handrad ein. Der sitzende Kanonier, der K_{11}, bedient die Seitenrichtmaschine. (BA)

Auf dem oberen Bild ist die Frontseite eines Flakzwilling-Geschützes zu sehen. In den Schaltkästen befanden sich die Haupt- und Abfeuerungsschalter, die Schalter für Höhe, Seite, Zünder und Ansetzer, sowie für beide Zünderkraftempfänger. Hierfür war der K_{21} verantwortlich. Eindrucksvoll sind die vier Ausgleicher und die beiden Zahnbögen. (BA)

Unten: Bei dieser Rohrerhöhung durfte nicht geschossen werden. Links sitzt der Seitenrichtkanonier, der K_{11}, rechts sitzt der Höhenrichtkanonier, der K_1, vorn an den Schaltkästen steht der K_{21}. (BA)

Dicke Panzertüren schützten die Aufgänge zu den Geschützständen auf den Flaktürmen. (BA)

Dieser 12,8 cm Flakzwilling stand auf dem Flakturm am Zoo in Berlin. (BA)

Hier ist klar erkennbar die Drehkranzlafette bei einer ortsfesten Aufstellung und die beiden Ladeeinrichtungen mit je einer Ladebühne.

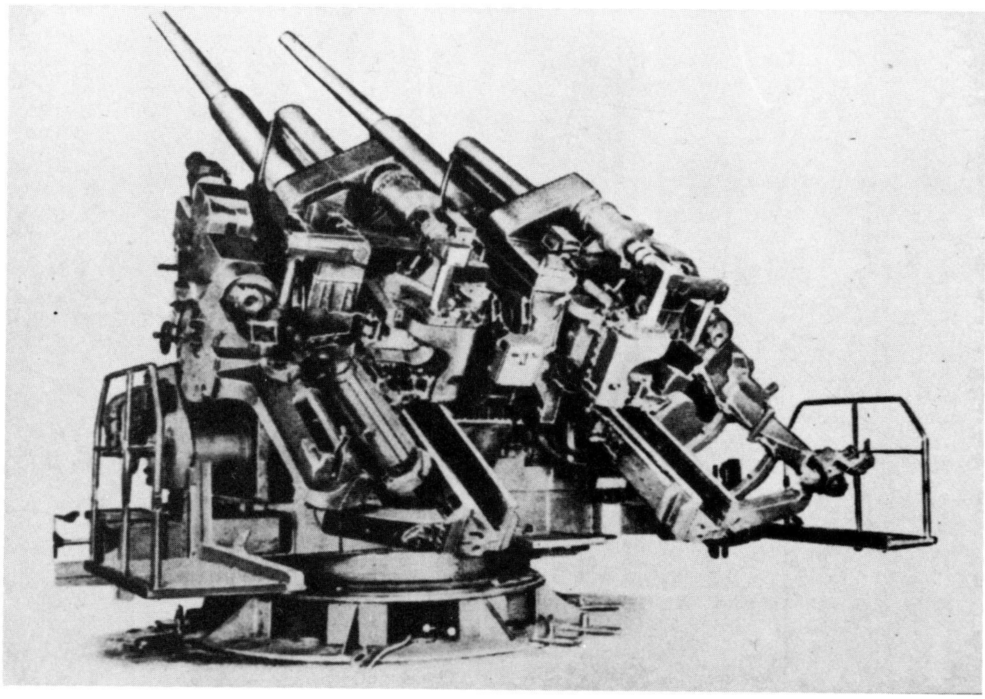

Ein 12.8 cm Flak-Zwillingsgeschütz mit großer Rohrerhöhung, bei der die beiden Ladebühnen ausgeschwenkt wurden. Links und rechts befanden sich je eine selbständig arbeitende Zünderstellmaschine mit Zünderstellschale und elektrisch arbeitender Ladeschale.

Unten links sind die Plätze der Bedienung in Schießstellung bei elektrischer Übertragung vom Kommandogerät angegeben: K_1 Höhenrichtmaschine, K_{11} Seitenrichtmaschine, K_2, K_3, K_{12}, K_{13} Ladekanoniere, K_4, K_{14} erfaßten ausgeworfene Hülsen mit ihren Asbesthandschuhen, K_{21} bediente Schalter an den Schaltkästen, K_5, K_{15} stellten bei fernmündlicher Übertragung die Zünderlaufzeit ein. Der Rest der Bedienungsmannschaft waren Munitionskanoniere. GF war der Geschützführer.

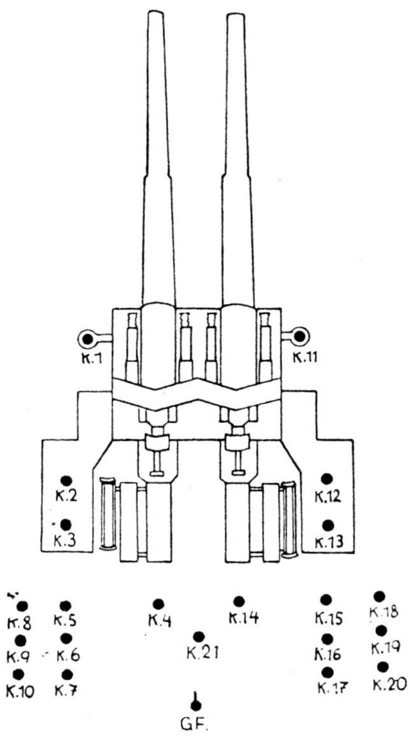

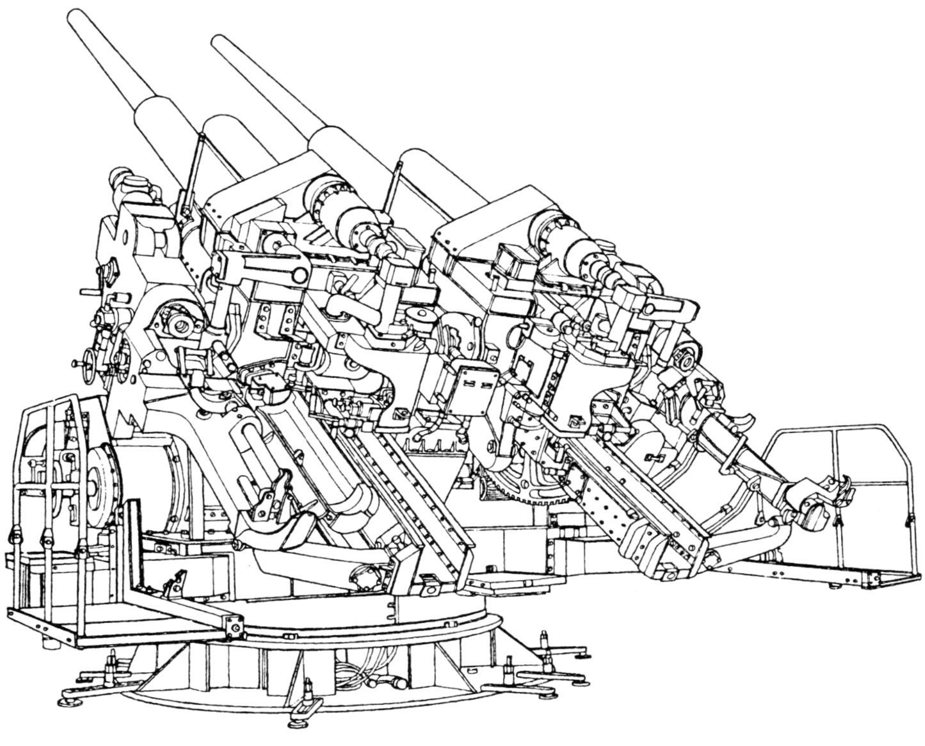

Bei einer Rohrerhöhung von 50 Grad bis 88 Grad wurden die Ladebühnen ausgeschwenkt. Ab einer Rohrerhöhung von 65 Grad mußte die Patrone beim Umlegen von der Stell- in die Ladeschale angedrückt werden, um ein Herausschleudern zu verhindern. Die Größe einer Patrone ist auf dem Bild eindrucksvoll zu sehen. (BA)

Unten: Hier ist die Stellschale mit dem Zünderstellkopf, der nach dem Einlegen einer Patrone auf den Zünder auffuhr, gut zu sehen. (BA)

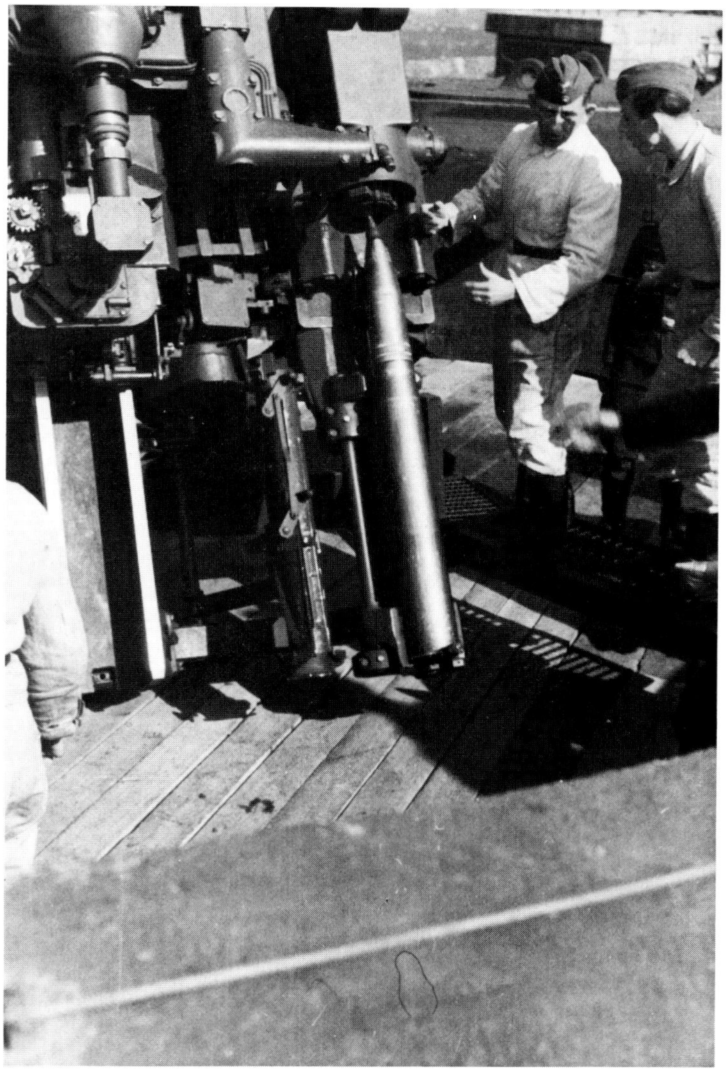

Oben links: Eine Übungspatrone ist in die Stellschale eingelegt, und der Zünderstellkopf fährt auf den Zünder auf. (BA)

Oben rechts: Nach dem Zünderstellvorgang werden die Patronen automatisch den Ladeschalen übergeben. Die schwenken ein, und die Rollenansetzer ziehen die Patrone in die Rohre. (BA)

Links: Durch Regulieren der Richtgeschwindigkeit deckt der Seitenrichtkanonier den Kommandozeiger mit dem Folgezeiger ab. (BA)

Oben: Dieser 12,8 cm Flakzwilling stand 1943 auf einem Flakturm in Berlin. Hier ist nochmals die rechte Geschützseite in aller Deutlichkeit zu sehen. Ganz rechts im Bild befindet sich die Seitenrichtmaschine mit dem Folgezeigerempfänger. Während das Einzelgeschütz der 12,8 cm Flak sowohl mit der Hand als auch mit Motorkraft gerichtet werden konnte, war beim Zwillingsgeschütz nur noch ein Richten mit Motorkraft möglich. Daher war auch nur noch ein Handrad zur Regelung der Richtgeschwindigkeit vorhanden. An der Zünderstellmaschine (Bild Mitte) sind unter anderem der Schalter für den Zünderkraftempfänger sowie das Handrad zur Einstellung der Zünderlaufzeit bei fernmündlicher Übertragung der Schußwerte vom Kommandogerät erkennbar. (BA)

Links: Bei Ladeübungen mit Übungsmunition, wie hier auf dem Bild, durfte die Rohrerhöhung nicht größer als 50 Grad sein. Das Entladen und Öffnen des Verschlusses erfolgte mit Hilfe eines Seilzuges, den ein Munitionskanonier betätigen mußte. (BA)

Rechts: Die Geschützbedienung einer 12,8 cm Flakzwilling bei Ladeübungen. (BA)

Unten: Der Geschützführer ist durch Kopfhörer und Kehlkopfmikrophon mit der Befehlsstelle verbunden. Am linken Unterarm seiner Feldbluse trägt er das Flaktätigkeitsabzeichen, das an Unteroffiziere und Mannschaften für gute Leistungen im Einsatz verliehen wurde. (BA)

Auf einem Flakturm in Berlin. (BA)

Flugmelder auf dem Flakturm einer 12,8 cm Flakzwillings-Batterie. (BA)

Wie die 8,8 cm Flak wegen ihrer guten Eigenschaften als panzerbrechende Waffe in leicht geänderter Form als reine Pak in Jagdpanzern eingebaut wurde, so auch die 12,8 cm Flak. Sie kam als 12.8 cm Pak 44 L/55 in den Jagdpanzer VI, den "Jagdtiger". Hier zwei Bilder des "Jagdtigers" mit der 12,8 cm Pak. 38 Patronen dieser 12,8 cm Pak konnten an Bord des Panzers genommen werden. Es war die beste deutsche Pak, der kein gegnerischer Panzer standhielt.

15 cm FLAK

Es dürfte wohl nur wenigen bekannt sein, daß es bereits 1938 Prototypen einer 15 cm FLAK sowohl von Krupp als auch von Rheinmetall gab.

Das Geschütz 15 cm Flak 50 von Krupp stand auf einer Sockellafette mit vier Auslegern. Es hatte elektrisch-hydraulische Richtmaschinen, eine vollautomatische Ladeeinrichtung, Rollenansetzer und einen Munitionsaufzug. Die Feuergeschwindigkeit wurde mit 9 bis 10 Schuß pro Minute angegeben. Das Geschütz war in vier Lasten zerlegt fahrbar (Plattform, Unterlafette, Oberlafette, Rohr). Das spätere Gerät war in drei Lasten fahrbar (Plattform, Lafette, Rohr).

An ballistischen Werten von der 15 cm Flak sind bekannt:

Größte Schußweite	21.000 m
größte Schußhöhe	15.200 m (also nur 400 m höher als die 12,8 cm Flak)
V_0	890 m/sek
Gewicht der Granate	40 kg

Dem großen Gewicht von 22.200 kg in Feuerstellung und einem verhältnismäßig hohen Material- und Fertigungsaufwand stand nur eine geringe Leistungssteigerung zur 12,8 cm Flak gegenüber, so daß das 15 cm-Geschütz nicht weiter in Serie hergestellt wurde.
Auch eine verbesserte 15 cm Flak 60F von Krupp und eine 15 cm Flak 65F von Rheinmetall kamen bis Kriegsende nicht mehr zur Truppe. Bei diesen Geschützen war das Geschoßgewicht auf 42 kg und die V_0 auf 960 m/sek bzw. 1.200 m/sek gesteigert worden.

Ein Versuchsgeschütz der 15 cm Flak.

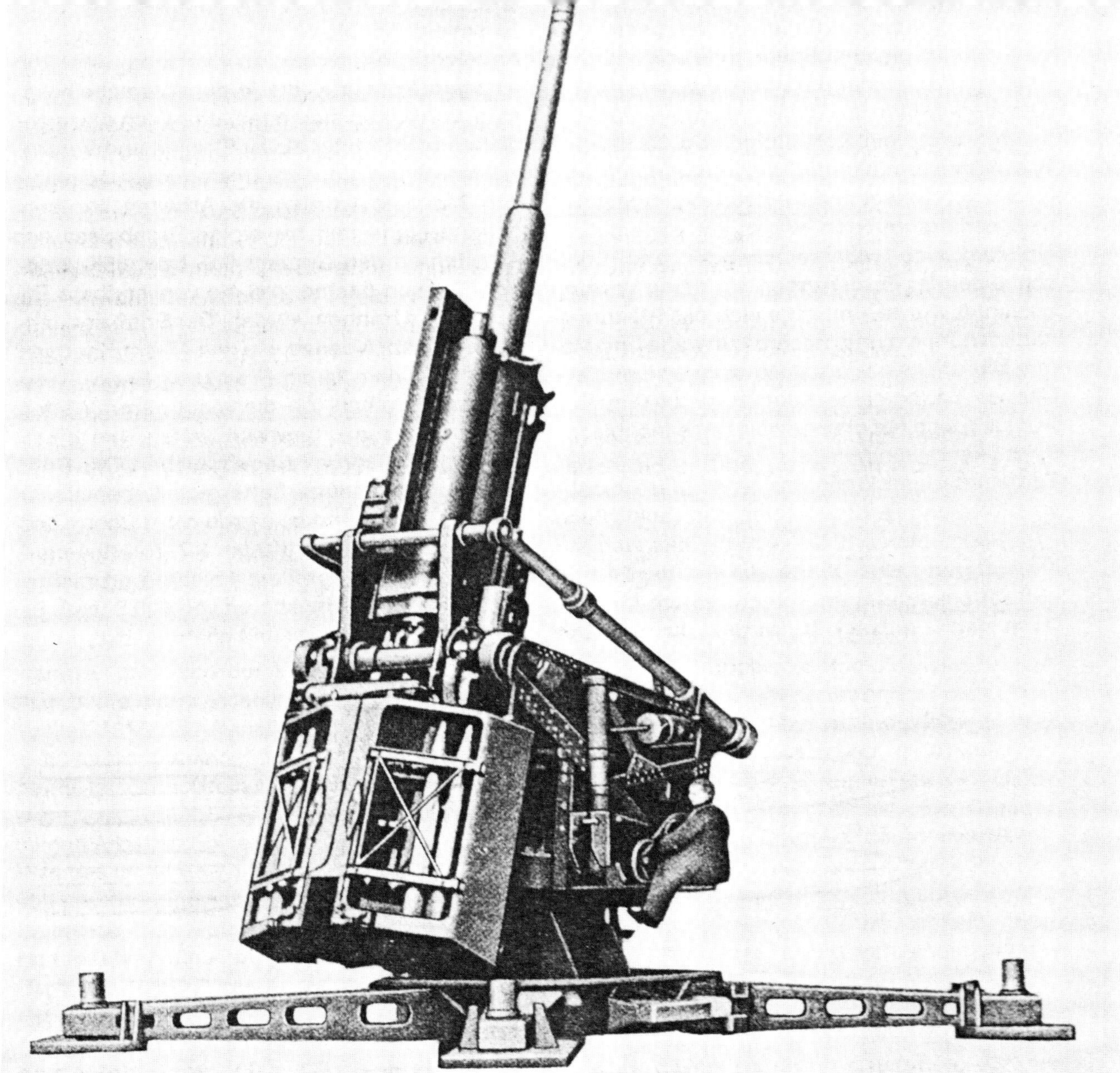

Oben: Der Prototyp der
15 cm Flak.
(Gerät 50 von Krupp)

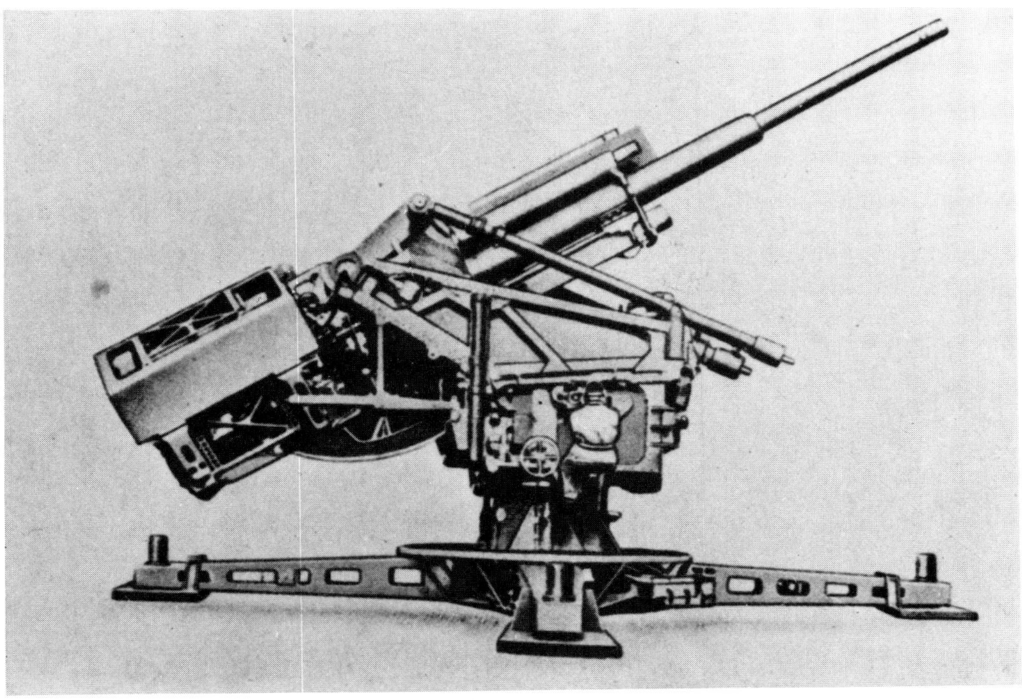

Links: Der Prototyp
der 15 cm Flak.
(Gerät 60F von Krupp)

KOMMANDOGERÄTE (Kdo.Ger.)

Kdo. Hi. Ger. Kdo. Ger. 36 Kdo. Ger. 40

Im Gegensatz zur Feldartillerie bestand die Hauptaufgabe der Flak darin, schnell bewegliche Ziele im dreidimensionalen Raum zu bekämpfen. Hierbei mußten Zielgeschwindigkeit, Kurs- und Höhenänderungen, aber auch Einflüsse, die sich auf die Geschoßflugbahn auswirken können, wie Windrichtung und Windgeschwindigkeit, Luftdruck, V_O (= Anfangsgeschwindigkeit des Geschosses beim Verlassen des Rohres), Pulverart, Pulvertemperatur, Geschoßgewichtsklasse und noch vieles mehr, berücksichtigt werden, um möglichst genau den Punkt im Voraus zu berechnen, wo Ziel und einstellbare Zeitzünder-Schrapnell-Granate zusammentreffen sollten. Um das zu erreichen, waren komplizierte Meß- und Rechengeräte erforderlich.
Im Ersten Weltkrieg wurde die Entfernung ab 1916 mit 2 m- oder 4 m-Kehrbildentfernungsmessern gemessen und nach geschätzten Vorhaltewerten mit Hilfe von Kommandotafeln geschossen. Sogenannte Auswanderungsmesser waren dann die ersten Feuerleitgeräte. Zur genaueren Entfernungsermittlung wurden aber auch schon Versuche mit Raumbild-Entfernungsmessern 1 m, 2 m, und 4 m gemacht. Dazu war allerdings ein stereokopisches, d. h. räumliches Sehvermögen des E-Meßmannes erforderlich.
Nach einem Stillstand in der Entwicklung von Feuerleitgeräten durch das Verbot im Versailler Vertrag für alle Flakwaffen im deutschen Heer, wurde 1927 im Auftrag der Marine doch ein Kommandogerät entwickelt, das Kdo-Ger. "Pschorr 27". Es kam jedoch nur in kleiner Serie zur Truppe.

Das danach entwickelte KOMMANDO-HILFSGERÄT 35 arbeitete mit Winkelgeschwindigkeiten unter Hilfe von Reibradgetrieben und Kurvenkörpern. Rechengerät und 4 m-Entfernungsmesser wurden getrennt in der Mitte der Kanonenbatterie in Stellung gebracht. Die ermittelten Schußwerte für Seite, Höhe und Zünderlaufzeit wurden fernmündlich an die Geschütze übertragen. Dadurch kam es je nach dem Ausbildungsstand der Bedienung mehr oder weniger zu Ungenauigkeiten. Zum Kommando-Hilfs-Gerät, zur Befehlsstelle II, oder kurz BII, wurde es aber erst nach der Entwicklung des KOMMANDOGERÄTES 36, das ab 1936 als eine Weiterentwicklung des Pschorr-Gerätes 27 zur Truppe kam.

Das Kommandogerät 36 arbeitete auf geometrisch-linearer Basis. Das 4 m-Entfernungsmeßgerät (Raumbild-Höhenmesser, kurz: Em 4mR(H)) war auf das Rechengerät aufgesetzt. Die Schußwerte wurden auf elektrischem Weg über ein 108-adriges Fernleitungskabel zu einem Verteilerkasten in Batteriemitte und weiter an die Lampenempfänger der Geschütze übertragen. Bei Ausfall des Lampengebersystems war eine fernmündliche Übertragung zu den Geschützen möglich. Das Kommandogerät wurde 500 bis 600 m von der Batteriemitte entfernt in Stellung gebracht, wodurch ein ungestörtes Arbeiten der Bedienungsmannschaft gewährleistet war. Der Stellungsunterschied, sowie die oben schon erwähnten Einflüsse, wurden bei der Ermittlung der Schußwerte durch das Gerät rechnerisch berücksichtigt. Trotz dieses genau arbeitenden Gerätes waren aber bei 13 Mann Bedienung, die das Gerät erforderte, von Menschen verursachte Fehler nicht zu vermeiden. Um diese Fehlerquellen möglichst auszuschließen und eine bessere Zielbekämpfung bei Kurvenflügen und Höhenänderungen zu ermöglichen, war die Firma Zeiß seit 1937 mit der Entwicklung eines Gerätes beschäftigt, das den Menschen durch mechanische Bauelemente wie über 20 Elektromotore, Schaltdosen, Kurvenkörper, Differenziale, Reibgetriebe und Regler ersetzen sollte. 1940 kam zunächst unter dem Namen KAPPA-GERÄT ein Kommandogerät zur Truppe, das drei Mann Bedienung am Raumbildentfernungsmesser 4mE(R) 40, zwei Mann am damit gekoppelten Rechengerät und einen Mann am Sammler mit Betriebsschaltkasten und Maschinensatz für den Geräte- und Übertragungsstrom erforderte. Den Namen Kappa-Gerät hatte das neue Kommandogerät nach dem griechischen Buchstaben Kappa, der in der Flakschießlehre den Kurswinkel bezeichnete, den dieses Gerät berüchsichtigen konnte. Die spätere Bezeichnung dieses Gerätes war Kdo.-Ger. 40, verbessert Kdo.-Ger. 40B und 40C.

Das Kdo.-Ger. 41 war dem Kdo.-Ger. 40 ähnlich nur war es mit der Ballistik für die 8,8 cm Flak 41 ausgerüstet. Fahrbar waren das Kommando-Hilfsgerät 35 mit dem einachsigen Sonderanhänger 53, das Kommandogerät 36 mit dem zweiachsigen Sonderanhänger 104 und das Kommandogerät 40 auf dem Sonderanhänger 52. Die 4 m-Basis, sowie alles Zubehör wie Kabel, Sammler, Kasten für die Richtfernrohr usw. kamen auf das Meßtrupp-Kfz. 74 oder auf die 8 t Zugmaschine (Zgkw) Kfz. 7/6, die in der Mitte der Ladefläche eine besondere Schiene hatte, auf der die 4 m-Basis in ihrem Transportkasten verladen werden konnte.

Hier werden Werte noch von einem Auswanderungsmesser fernmündlich an die Geschütze durchgegeben.

Mit dieser 2 m-Basis wurde am Anfang der dreißiger Jahre die Entfernung ermittelt.

Das Kommando-Hilfs-Gerät:
a) Richtfernrohr, b) Richthandrad,
d) einschiebbare Tragstangen,
c) Gestell. Das Gerät wog in Fahrstellung 905 kg, in Feuerstellung 195 kg.

Beim Kommando-Hilfs-Gerät stand der 4 m-Raumbild-Entfernungsmesser getrennt neben dem Rechengerät. Die gemessene Zielentfernung wurde fernmündlich übermittelt und dort eingestellt. (BA)

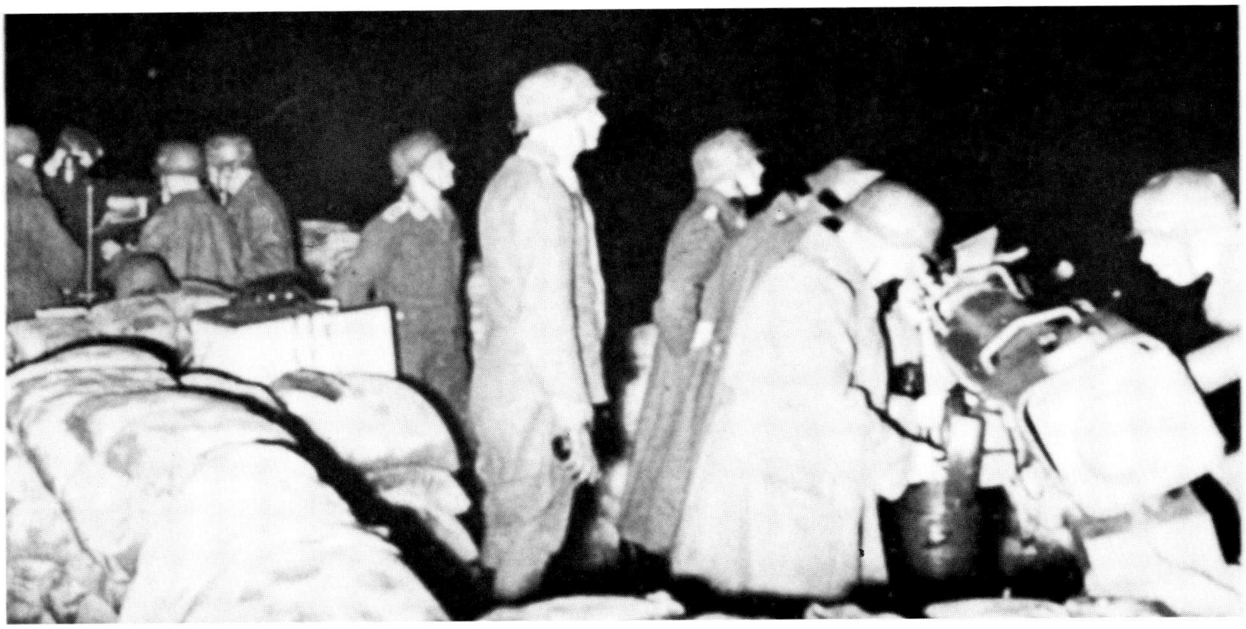

Das Kommando-Hilfs-Gerät stand in der Mitte einer Flak-Batterie. Mit dem 4 m-Raumbildentfernungsmesser, der 4 m-Basis, (rechts vorn im Bild) wurde das Ziel angemessen. Die Entfernung gab der B4, rechts am Bildrand, fernmündlich an das Rechengerät, links im Hintergrund. Da mit dem Rechengerät das Ziel ebenfalls optisch erfaßt wurde, konnte es die Schußseite, die Schußhöhe und die Zünderlaufzeit errechnen, die fernmündlich an die Geschütze weitergegeben wurden. Das Kdo.-Hi.-Ger. 35 war wohl von elektrischen Einrichtungen unabhängig, außer von einer Batterie für die fernmündliche Übertragung, es blieb aber trotzdem nur ein Hilfsgerät. Bei dreizehn Mann Bedienung und der fernmündlichen Übertragung der Schußwerte an die Geschütze waren zu viele menschlich bedingte Fehler möglich.

Ein Raumbildentfernungsmesser 4 m Em (R) 40 bei einer Einheit des Heeres in Norwegen 1943. Links steht der E_2. Er richtet das Ziel der Seite nach an. In der Mitte steht der E-Meßmann, der E_1, und rechts richtet der E_3 das Ziel der Höhe nach an. Die Richtleute blicken dabei durch ein Doppelfernrohr. (BA)

Oben fährt ein Meßtrupp II auf einem Meßtruppwagen, dem Kfz. 74. mit einem Kommando-Hilfs-Gerät 35 auf dem Sonderanhänger 53 zum Einsatz. Der Raumbild-Entfernungsmesser, 4 m-Em (R) H, kurz die 4 m-Basis, ist in einem Kasten in der Mitte des Meßtruppwagens zu erkennen. Er wurde durch Rollen am Basiskasten und Schienen auf dem Meßtruppwagen verladen. An der Rückwand des Fahrerhauses ist eine Trommel mit dem Fernleitungskabel befestigt. (BA)

Rechts: "Fliegeralarm!" Die Bedienung stürzt aus ihrem Bunker zum E-Meßgerät. Wir sehen einen Teil des Em 4 m (R) H auf dem festen Stativ. (BA)

Das Kommandogerät 36 war aus dem "Kommandogerät Pschorr 27" entwickelt worden. Durch die aufgesetzte 4 m-Basis wurde die Zielhöhe oder die Schrägentfernung ermittelt und ins Gerät eingegeben. Auf dem Bild ist die Vorderseite des Gerätes zu sehen, mit der Trommel für die Ermittlung der Rohrerhöhung rechts, der Zünderstellungstrommel, links, und den Einstellungsknöpfen für die Verbesserungen, Mitte.

Auf der rechten Geräteseite sehen wir das Handrad (3) für die Höhenrichtmaschine, die Einlegebügel (L) für die 4 m-Basis, den Fahrstrahlarm (T und 45), die Einstellungen von Höhenvorhalt und Vertikalgeschwindigkeit (h), das Handrad (6) zum Abdecken der Zielhöhenkurven (7 und 5) und die abnehmbaren Stützen (P) für die Schutzplane.

Das Bild oben zeigt die Rückseite vom Kommandogerät 36. Rechts ist das Handrad für die Höhenrichtmaschine (3), das Richtfernrohr (S) für grobes und (F) für feines Anrichten des Zieles, Einblick (E) für den E-Meßmann mit Handrad (M) zum Messen der Entfernung, Handrad (2) für die Seitenrichtmaschine mit den Fernrohren (S) und (F) zum Anrichten des Zieles der Seite nach.

Das Kommandogerät 36, links, steht auf einem Schießplatz. (BA)

Die drei Richtleute an der 4 m-Basis eines Kommandogerätes 36 beim Anrichten eines Zieles. Der E_1 trägt keinen Stahlhelm, links neben ihm steht der E_2 an der Seitenrichtmaschine und rechts vom E_1 richtet der E_3 das Ziel der Höhe nach an. Der Bedienungsmann im Vordergrund ist der B_6. Er steht am Flugrichtungstisch, auf dem die aufgezeichneten Bewegungen des Flugzieles abgedeckt werden mußten. (BA)

Für den "Technisch Schießenden", der mit Kopfhörer und Kehlkopfmikrophon Verbindung zu den Geschützen hatte, war ein Doppelfernrohr auf der 4 m-Basis. (BA)

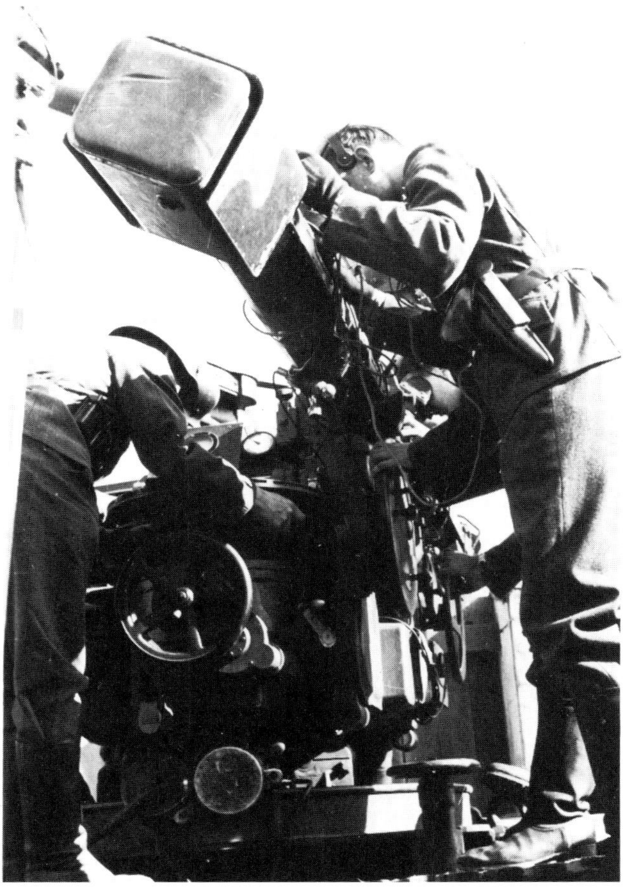

Hier ist nochmals der B_6 bei seiner Arbeit am Flugrichtungstisch zu sehen, während der "Schießende" durch sein Doppelglas das Flugziel beobachtet. (BA)

Der Vormarsch im Schnee war auch mit dem Kommandogerät schwierig. Das Kdo.Ger. 36 wird von dem Meßtruppwagen Kfz. 7/6, einer 8 t-Zugmaschine, gezogen. Sie hatte in der Mitte eine Gleitschiene, auf der die 4 m-Basis verladen wurde. In den Kästen am Heck der Zugmaschine wurden die Sammler, das Ladeaggregat, Kabeltrommeln und anderes Zusatzgerät untergebracht.

Hier steht der geöffnete Transportkasten mit einem verbesserten Raumbild-Entfernungsmesser, dem 4 m Em (R) 40. Mit Hilfe der Rollen am unteren Kastenrand konnte der Em auf den Gleitschienen des Meßtruppwagens leichter verladen werden.

Ein Sammler mit Betriebsschaltkasten, der den Betriebsstrom für das Kdo.Ger. 36 und auch für das Kdo.Ger. 40, sowie den Strom für das Übertragungsgerät 30 bzw. 37 lieferte. Die Spannung betrug zwischen 34 und 45 Volt.

Oben: Nachtschießen einer 8,8 cm Flak-Batterie mit Kommandogerät auf einem Schießplatz vor dem Krieg.

Unten: Ein getarntes Kommandogerät 36 bei einer Übung vor dem Krieg. Diese Art Tarnung hat man im Krieg nicht mehr praktiziert, da ihre Beseitigung im Alarmfall zu lange dauerte.

Das Kommandogerät 40 mit dem Raumbildentfernungsmesser 4 m Em (R) 40 wurde 1940 erstmalig an die Truppe ausgeliefert. Die 4 m-Basis hatte einen Meßbereich von 1.200 m bis 100.000 m. Die 20-fache optische Vergrößerung war auf das 32-fache umschaltbar. Wir sehen links auf dem Bild die Rückseite des Gerätes. Der E-Meßmann stand in der Mitte auf einer Plattform und wurde mit dem Gerät während seiner Tätigkeit mitgeschwenkt. Der Seitenrichtmann stand rechts vom E_1, der Höhenrichtmann links von diesem. Das Doppelrichtfernrohr unter der linken Basisseite war für den "Technisch Schießenden". An der linken hinteren Geräteseite ist der Sicherungskasten für die 20 Elektromotore zu sehen, die in dem Gerät arbeiteten. Die Gerätebedienung bestand aus einem E-Meßmann, zwei Richtleuten, zwei Mann Bedienung am Gerät und einem Mann am Schaltkasten. Das Gerät links oben ist zu einer optischen Erprobung aufgestellt, d. h. zu einem theoretischen Schießen, bei dem die Werte aufgeschrieben und später ausgewertet wurden.

Bild Mitte zeigt das Kdo.Ger. 40 in Stellung. Die Bettung ist durch einen Holzrost vergrößert, so daß das Doppelglas des Schießenden auf der Oberseite der Basis angebracht werden konnte. Der Bedienungsmann auf dem Bild steht auf dem Platz des B4, der mit dem Handrad durch Abdecken von Kurven den Handkurs einstellte. An den vielen Skalen konnten verschiedene Werte für die optische Erprobung abgelesen oder fotografiert werden.

Bild unten zeigt ein abgedecktes Kdo.Ger. 40 in Stellung. Daneben steht der Kasten für die 4 m-Basis.

Generalleutnant Schmundt und Ritterkreuzträger Oberst v. Natzmer, erster Generalstabsoffizier der Panzer-Grenadier-Division "Großdeutschland" bei der Besichtigung einer Flakbatterie im Osten 1944. Das Bild erlaubt auch einen Blick auf die Oberseite des Kommando-Gerätes 40. Unter der rechteckigen Glasscheibe befand sich die Handkurstrommel mit dem Kursschreiber, darüber das Flugzeugschaubild und das Kurszeichen. Unter der Hülse für das Rundblickfernrohr sind die Anzeige für die Horizontalgeschwindigkeit, die Vh, davor der runde Hauptschalter, sowie die Schalter für Kurs- und Höhenänderungen zu sehen.

Unten: An diesem Gerät stehen nur der E_1, die beiden Richtleute und der "Technisch Schießende", der in der linken Hand das Kabel mit der Feuerglocke hält. Durch sie erhielten die Geschütze die Feuerbefehle. (BA)

Oben: Hier steht der Seitenrichtmann, der E_2, an seinem Doppelrichtfernrohr mit dem darüberliegenden Grobvisier. Links unter dem Fernrohr ist das Ablesefenster für die gemessene Entfernung. Von der Markierung "4" geht ein Stromzuleitungskabel für die Nachtbeleuchtung zum Richtfernrohr und zur Em-Skala. (BA)

Bild unten zeigt den E-Meßmann ohne den beim Messen störenden Stahlhelm. Links steht am Richtfernrohr 3 der Höhenrichtmann, davor ein Ableser für die Zünderlaufzeit, dann der B_4 und der B_5 am Hauptschalter. Von dem Galgen über dem Gerät führt ein Zuleitungskabel vom Funkmeßgerät heran und eins wahrscheinlich zum Umwertungsgerät "Malsi". (BA)

Das Kdo.Ger. 40 links steht auf dem Flakturm einer 12,8 cm Flak-Batterie in Berlin. (BA)

Unten links ist das Kdo.Ger. 40 aufgeprotzt auf dem einachsigen Sonderanhänger 52. Die Seitenteile der Bettung sind dabei hochgeklappt.

Unten: An der Rückseite dieses Kdo.Ger. 40 ist ein Kasten mit dem Empfangsteil des Übertragungsgerätes 37 mit Folgezeiger angebracht. Hier wurden die vom Funkmeßgerät ermittelten Werte für Entfernung, Seite und Höhe empfangen. Sie mußten von den Richtleuten, ähnlich wie an den Geschützen, abgedeckt werden.

Ein recht interessantes Zusammentreffen von Geschützen und Geräten der schweren Flak auf einem Schießplatz. Vorn rechts stehen vier Kdo.Ger. 40, von denen zwei einen hellen, zwei einen dunklen Tarnanstrich haben. Links von ihnen stehen die zugehörigen Kästen für die 4 m-Basis und je zwei abgedeckte Sammlersätze. Zwei Rundblickfernrohre zum Einrichten der Kdo.Ger. mit den Geschützen stehen auf Stativen. Weiter links sind drei Motorladegeneratoren zum Aufladen der Sammlersätze erkennbar. Auf der Gleisanlage steht vorn ein Spezialwagen mit einem Funkmeßgerät für die 12,8 cm-Eisenbahnflak, deren Geschütze weiter im Hintergrund aufgefahren sind. Die Geschütze von drei 8,8 cm-Flak-Batterien sind zum Teil wegen ihres hellen Tarnanstrichs schwer erkennbar. (BA)

Unten: Die Kdo.Ger.-Bedienung der Eisenbahn-Flak bei der Zusammenarbeit mit dem zugehörigen Funkmeßgerät. Hier werden die Meßwerte noch fernmündlich von den Richtleuten empfangen und am Kdo.Ger. eingestellt. (BA)

RINGTRICHTER-RICHTUNGSHÖRER (RRH)

RINGTRICHTER - RICHTUNGSHÖRER (RRH) oder kurz Horchgeräte wurden 1937 den Flakscheinwerfer-Einheiten zugeordnet. Sie sollten durch Verstärkung der menschlichen Hörfähigkeit bis auf 12 km über angeschlossene Verzugsrechner das Einsteuern der Scheinwerfer auf Flugziele beschleunigen. Schießen nach Schall mit Hilfe der RRH wurde 1940 nachts bei fehlender Scheinwerfertätigkeit zeitweise einem munitionsfressenden Sperrfeuerschießen vorgezogen. Die Wirkung war jedoch bei den höher und schneller fliegenden Maschinen des Gegners unbefriedigend. Die Horchreichweite zwischen 5 und 12 km war abhängig vom Wetter, von der Lautstärke des zu ortenden Flugzieles, von den Nebenstörgeräuschen und von der Fähigkeit der Horcher. Solange es aber noch keine Funkmeßgeräte (FuMG) gab und diese später noch nicht in ausreichender Zahl zur Verfügung standen, mußte man sich beim Schießen bei Nebel, niedriger Wolkendecke, bei Nacht ohne Scheinwerfer mit den RRH zufrieden geben. Deshalb waren auch bis 1944 immer noch 5.559 Horchgeräte im Einsatz.

Der Ringtrichter-Richtungshörer bestand aus der 723 kg schweren Bettung, dem Sockel, der Säule, zwei Tragarme, dem Ringtrichter, dem Antrieb für Seite und Höhe sowie dem Verzugsrechner. Der RRH mit Verzugsrechner ohne Bettung wog 983,3 kg. Fahrbar war das Gerät mit dem zweiachsigen Sonderanhänger 104.

Ein Horchtrupp bestand aus einem Horchtruppführer, dem K 10; einem Bedienungsmann für den Verzugsrechner, dem K 7, der an der Rückseite des Gerätes stand; einem Horcher für den Seitentrichter, dem K 8, an der linken Seite des Gerätes und einem Horcher für den Höhentrichter, dem K 9, an der rechten Geräteseite.

RRH, Bettung abgesetzt.

Erklärung:

3 Bettungsplatte
7 Haken für Hubkette
8 Öffnung für Zentrierzapfen
9 Lagerzapfen
10 Stellspindel
11 Ring
12 Gelenkbolzen
189 Werkzeugkasten
190 Zubehörkasten

Der rechte Tragarm eines RRH.

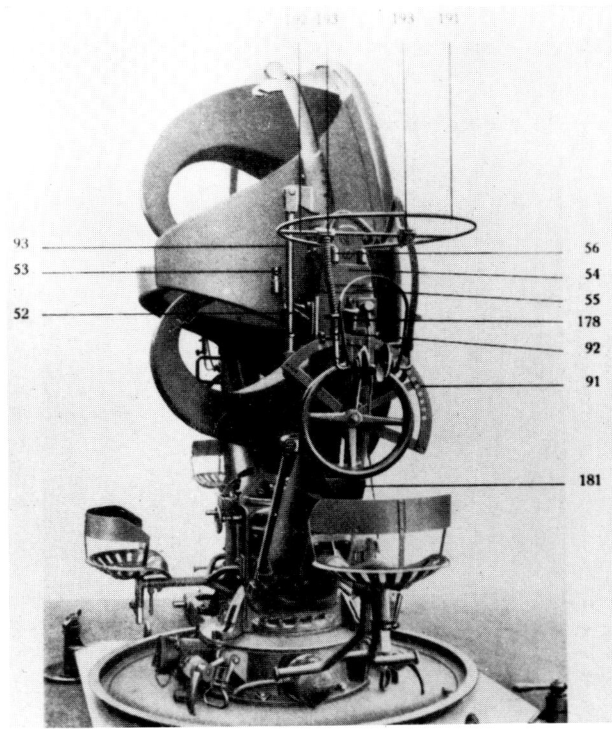

Erklärung:

52 Anschläge
53 Gummipuffer
54 Lagerbock
55 Gummizwischenlager
56 Ösen
91 akustischer Höhengradbogen
92 akustischer Höhenzeiger
93 Schubstange
178 Leuchte für akustische Höhenzeiger
181 Signalkasten für Höhe
191 Ring für Regenzelt
192 Quersteg
193 Klemmschelle

Die Vorderseite eines RRH.

13 Firmenschild
41 Deckel für kleine Öffnung
45 Sitzrohre
46 Knebel für Sitzrohre
48 Kugelgriff
49 Sitze
50 Fußraste
51 Handgriffe
77 Höhenhandrad
78 Seitenhandrad
149 Geber für Seitenwinkel

Die Rückseite eines RRH mit Horchersitze für die Seite und Höhe unter einem Regenzelt. Der Verzugsrechner ist nicht besetzt.

Erklärung:

5 Bettungshaken
6 Sperrbügel
14 Sockel
23 Säule
42 rechter Tragarm
43 linker Tragarm
57 Zurrstange
58 Klemmfeder für Zurrstange
59 Ringtrichter
150 Geber für Höhenwinkel

Die Rückansicht der Säule vom RRH.

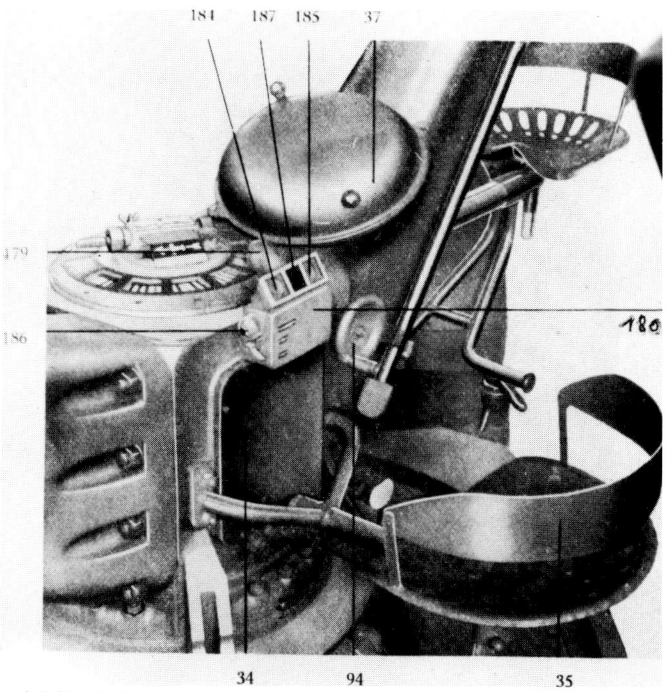

34 Deckel
35 Sitz für den Bedienungsmann am Verzugsrechner
37 Schutzhaube
94 Einstellrad für Verzugsrechner
179 Leuchte für Verzugsrechner
180 Signalkasten für Verzugsrechner
184 Signal "Höhe hört"
185 Signal "Seite hört"
186 Druckknopf
187 Abblendscheibe

Maßskizzen vom RRH.

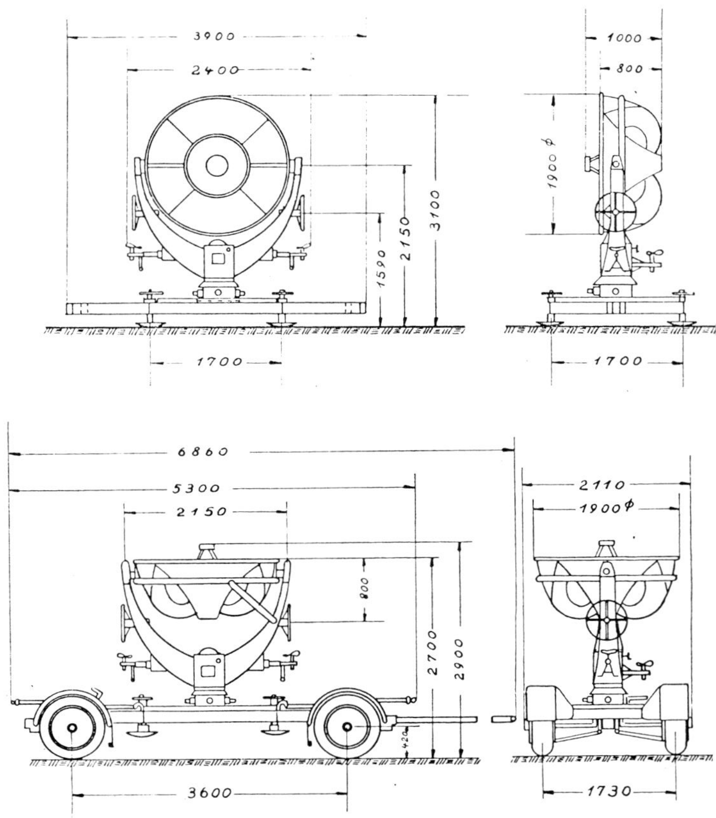

Dieser RRH ist auf einer Straße in Stellung gegangen. Das Gerät wurde vom Sonderanhänger 104 abgesenkt. Die beiden Horcher für Höhe, der K9, und für die Seite, der K8, haben ihre Kopfhörer aufgesetzt und versuchen das Ziel anzupeilen. (2 x BA)

Oben: Das Horchgerät war südlich von Boulogne beim Küstenschutz eingesetzt. Der Horcher für die Seitentrichter, der K8, sitzt links, der Horcher für die Höhentrichter, der K9, sitzt rechts. In der Mitte sitzt der K7 am Verzugsrechner. (BA)

Unten: Horchgeräte beim Übungseinsatz vor dem Krieg.

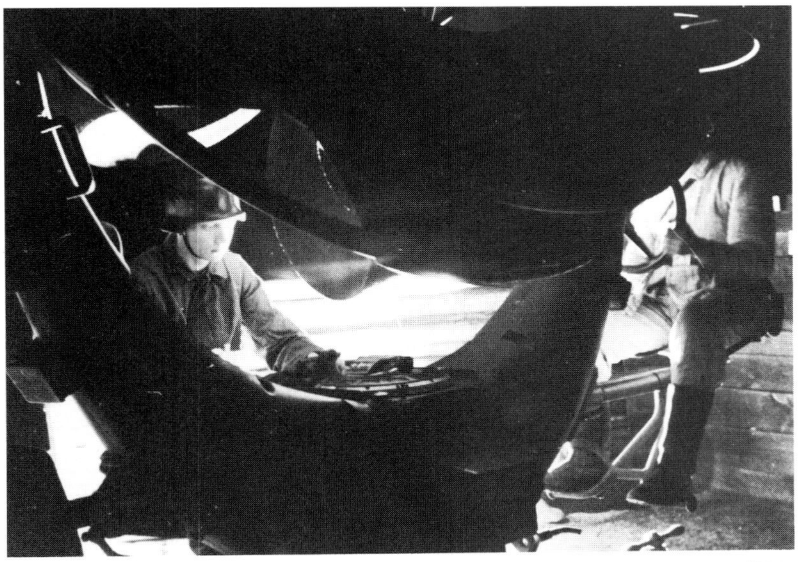

Oben: Ausländischen Offizieren wird die Wirkungsweise eines Horchgerätes erklärt. (BA)

Mitte: Horcher beim Nachteinsatz. Der K7 sitzt bei seiner Tätigkeit am Verzugsrechner. (BA)

Rechts: Dieses aufgeprotzte Horchgerät auf dem Sonderanhänger 104 wird zum Einsatzort gefahren.

Oben: Dieser RRH ist zur Unterstützung eines Scheinwerfers, links hinter dem RRH, in Stellung gegangen. Um die Sitze der beiden Horcher sind die Regenzelte angebracht. (BA)

Unten: Scheinwerfer und RRH in Zusammenarbeit beim Orten von Flugzielen. (BA)

Der Horcher für die Höhentrichter sitzt vor dem akustischen Höhengradbogen und beobachtet den akustischen Höhenanzeiger, während er das Gerät mit dem Höhenhandrad einsteuert.

SCHEINWERFER 60 cm, 150 cm, 200 cm

Schon im Ersten Weltkrieg wurden ab 1917 Scheinwerferbedienungen an einer Scheinwerferschule ausgebildet. 60 cm-, 110 cm- und 200 cm-Scheinwerfer waren bereits im Einsatz. Doch auch hier trat nach dem Krieg durch das Verbot im Versailler Vertrag eine Entwicklungspause bis 1927 ein. Danach wurde in den dreißiger Jahren vor allem für die leichte und mittlere Flak der 60 cm-SCHEINWERFER mit einem 8 Kw-Stromerzeuger entwickelt, der im Zweiten Weltkrieg noch verbessert wurde.

Die Bedienungsmannschaft bestand aus einem Scheinwerferführer, einem Richtkanonier, dem K 1, im Richtsitz; dem Lampenwart, dem K 2, der die Lampenkurbel für Sammel- und Streulicht betätigte und für den Vorschub der Kohle verantwortlich war; dem Maschinisten, dem K 3, der den Motor bediente und den Strom am Maschinensatz ein- und ausschaltete. Fahrbar war der Scheinwerfer mit dem einachsigen Sonderanhänger 51.

Anstelle des 110 cm-Scheinwerfers trat ab 1937 der 150 cm-Flakscheinwerfer 34 und 37 mit einer sich selbst regelnden Hochleistungslampe und einer Lichtstärke von 1,1 Milliarden Hefner Kerzen, einem Glas-Parabol-Spiegel, dem Dunkelsuchgerät 41 und einem 24 Kw Stromerzeuger. (1 Hefner-Kerze ist die Lichteinheit einer genormten Amylazetat-Dochtlampe.)

Bei diesem Scheinwerfer bestand die Bedienungsmannschaft aus einem Scheinwerferführer, einem Leuchtkanonier, dem K 2; den beiden Richtkanonieren K 1 und K 5; dem Lampenwart und dem Maschinisten. Sowohl der Scheinwerfer als auch der zugehörige 24 Kw-Maschinensatz waren mit je einem zweiachsigen Sonderanhänger 104 fahrbereit.

1943 kamen die ersten 200 cm-SCHEINWERFER 43 mit einer Lichtstärke von 2,7 Milliarden Hefner-Kerzen, einem 120 Kw Stromerzeuger und dem Dunkelsuchgerät 41 zur Truppe. Mit ihm konnten Ziele bis zu einer Entfernung von 12 bis 13 Kilometer aufgefaßt werden.

Der Einsatz von Scheinwerfern bei Nebel, Dunst, wolkigem Wetter, aber auch in mondhellen Nächten war oft unmöglich oder unbefriedigend. Dennoch waren sie vor der Einführung der Funkmeßgeräte (FuMG) für die optische Auffassung der Flugziele bei Nacht unentbehrlich. Auch nach Einführung der FuMG konnte man auf sie nicht verzichten, weil der Gegner die Radargeräte oft durch Störmittel ausschaltete. Mitunter waren Leitscheinwerfer an ein FuMG angeschlossen, um von diesem zum Ziel eingesteuert zu werden. Die Höhen- und Seitenrichtwerte wurden von dem Übertragungsgerät 37 übermittelt.

Gerätebestand im Februar 1944 nach den Angaben des Generalquartiermeisters im Generalstab der Luftwaffe:

– 60 cm-Flak-Scheinwerfer	5.582 (v)	794 (o)	total:	6.376
– 150 cm-Flak-Scheinwerfer	5.675 (v)	1.636 (o)	total:	7.311
– 150 cm-Flak-Scheinwerfer-Vierling		61 (o)	total:	61
– 200 cm-Flak-Scheinwerfer			total:	2.262

v = verlegefähig
o = ortsfest

Das Bild zeigt einen 60 cm-Scheinwerfer in Stellung. Der Leuchtkanonier, der K_1, sitzt in seinem Richtsitz. Hinter ihm steht der Lampenwart, der K_2.

Ein 60 cm-Scheinwerfer in einer Feldstellung im Einsatz. Der K_1 in seinem Sitz richtet den Scheinwerfer nach den Anweisungen des Scheinwerferführers, der das Ziel mit dem Glas verfolgt. Der K_2 steht hinter dem Scheinwerfer. Er ist für den Vorschub der Kohle verantwortlich und betätigt die Lampenkurbel für Sammel- und Streulicht. (BA)

Bei diesem 60 cm-Scheinwerfer sind die Höhen- und Seitenrichtkurbel vor dem Richtsitz gut erkennbar. (BA)

150 cm-Scheinwerfer und Ringtrichter-Richtungshörer bei der Waffenschau zu Hitlers 50. Geburtstag 1939 in Berlin.

Ein 150 cm-Scheinwerfer in Stellung. Rechts im Bild ist das Höhenhandrad und links das weit herausragende Seitenrichthandrad mit dem Brustlenker zu sehen. Die Blende dieses Scheinwerfers ist noch geschlossen. (BA)

Hier sehen wir die linke Seite eines 150 cm-Scheinwerfers an der Kanalküste mit dem Höhenrichthandrad, dem Höhengradbogen und den Zuleitungskabeln vom Maschinensatz. (BA)

Ein 150 cm-Scheinwerfer wird in Stellung gebracht. Eine Protze des zweiachsigen Sonderanhängers 104 wird ausgefahren und der Seitenrichttrieb abgeklappt.

Hier wird eine Scheinwerferstellung ausgehoben. (BA)

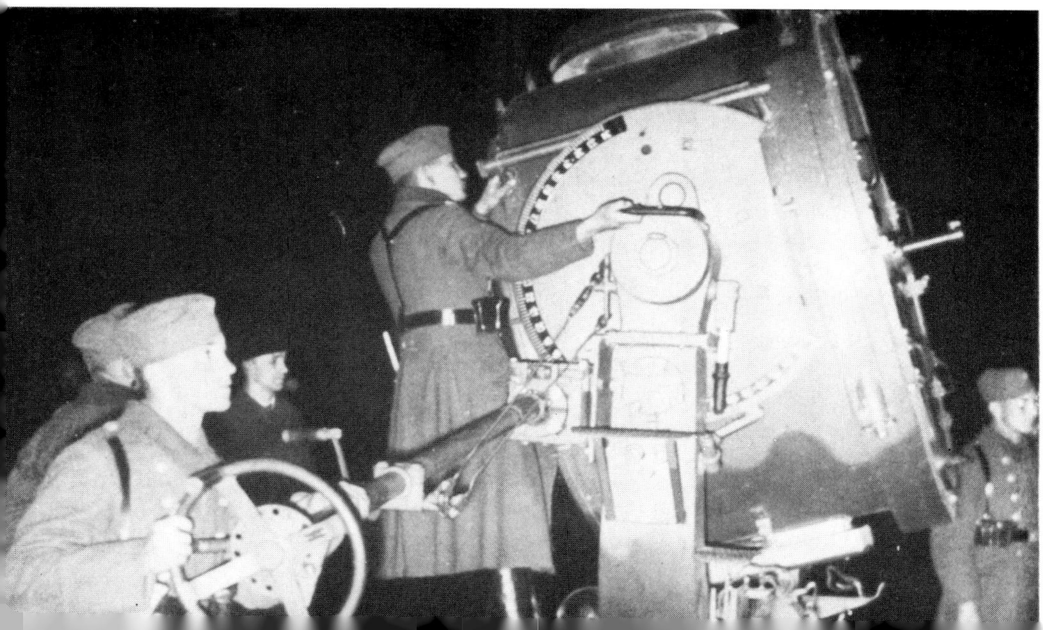

Eine Scheinwerferbedienung bei ihrer nächtlichen Arbeit.

Japanische Offiziere besichtigen eine Scheinwerfer-Batterie. (BA)

Die Blende des 150-cm-Scheinwerfers wurde zur Besichtigung geöffnet, um den großen Parabol-Spiegel mit vorführen zu können. (BA)

Gezeigt wird der Maschinensatz für einen Scheinwerfer-Zug. (BA)

Scheinwerfer beim Einsatz. Zwangsläufig wurden ihre Stellungen bei der Leuchttätigkeit taghell erleuchtet und boten so leichte Angriffsziele für Tiefflieger und Bomber. (BA)

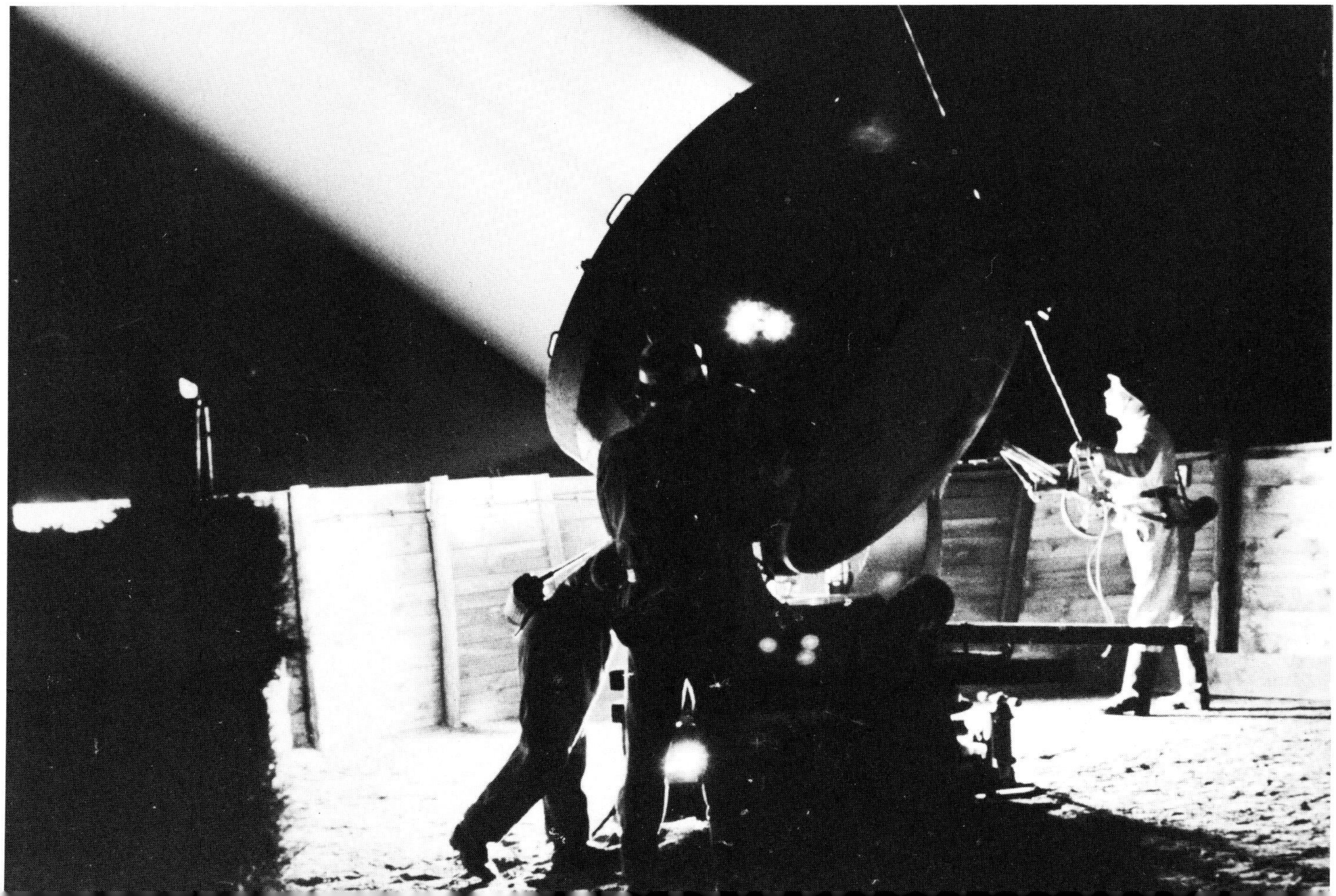

Bevor die Funkmeßgeräte zum Einsatz kamen, war eine gezielte Bekämpfung von Flugzielen bei Nacht nur mit Hilfe der Scheinwerfer möglich. Leider stellte es sich aber heraus, daß das Zusammenwirken von Ringtrichter-Richtungshörern, Scheinwerfern und Kanonenbatterien nicht so erfolgreich war, wie man es in Friedenszeiten glaubte, annehmen zu können. Außerdem verrieten die um ein Schutzobjekt aufgestellten Scheinwerfer oft dem Gegner beim Aufleuchten das Ziel. Trotzdem konnte während des Krieges auf den Einsatz von Scheinwerfern nicht verzichtet werden.

Aufflammende Scheinwerfer und explodierende Flakgeschosse erleuchteten oft den nächtlichen Himmel über deutschen Städten während des Krieges.

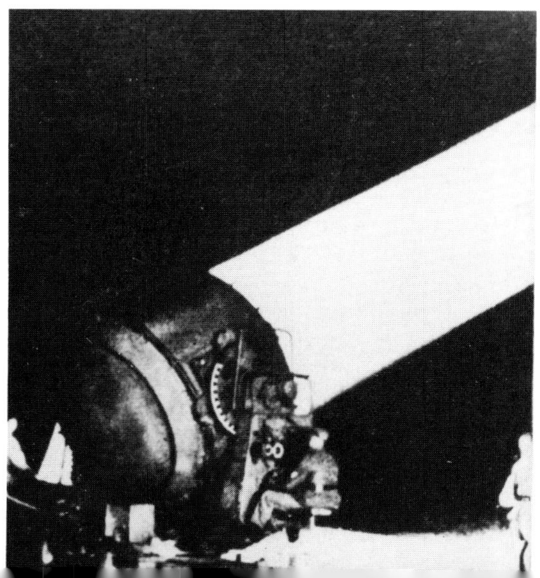

Immer höher einfliegende Bomber erforderten auch immer leistungsstärkere Scheinwerfer. So kam 1943 der 200 cm-Scheinwerfer zum Einsatz. Mit ihm konnten Ziele bis zu einer Entfernung von 12 bis 13 Kilometer aufgefaßt werden. Hier sind drei Ansichten von diesem 200 cm-Scheinwerfer. (2 x BA)

Im Verlauf des Krieges wurden mehr und mehr gut ausgebildete Flaksoldaten aus den Heimat-Batterien herausgezogen, um die Lücken in den Fronteinheiten zu schließen. An ihre Steile traten oft Schüler und Hitlerjungen als Luftwaffenhelfer bzw. Flakhelfer. In Nachrichten- und Scheinwerfer-Einheiten oder in Meßstaffeln der Kanonenbatterien wurden auch Flak-Waffenhelferinnen und Arbeitsdienst-Maiden eingesetzt. Bild oben: Flakhelferinnen am 150 cm-Scheinwerfer. (BA) Unten links: Arbeitsdienst-Maiden am Scheinwerfer. Unten rechts: Flakhelferinnen am 200 cm-Scheinwerfer.

FUNKMESSGERÄTE (FUMG)

Eine erfolgreiche Bekämpfung von Flugzielen war nur bei exakter Ortung des Zieles der Entfernung, Höhe und Seite nach möglich. Mit Hilfe des Raumbild-Entfernungsmessers am Kommandogerät konnte man das nur bei bestimmten Voraussetzungen, d. h. das Ziel mußte optisch anvisierbar und nicht durch Nebel, Dunst, Wolken oder Dunkelheit verdeckt sein, und das räumliche Sehvermögen und der Ausbildungsstand des E-Meßmannes mußten gut sein.

1940 kamen die ersten Funkmeßgeräte, kurz FuMG oder Radargeräte genannt, zur Truppe. Sie waren von der Optik her unabhängig. Die Ermittlung der Zielentfernung erfolgte durch ein Echolotverfahren, bei dem elektronische Impulse ausgestrahlt werden, die beim Auftreffen auf feste Körper reflektiert und auf einer Braunschen Röhre als fluoreszierender Zacken oder Punkt sichtbar werden. Die so ermittelten Entfernungswerte waren wesentlich genauer, als die optisch gemessenen. Leider wurde die Entwicklung dieser Geräte bei uns zunächst sehr schleppend vorangetrieben, so daß wir den Vorsprung, den die Engländer auf dem Gebiet der Funkmeßtechnik hatten, bis Kriegsende kaum aufholen konnten.

Bis 1945 waren bei uns 15 verschiedene Funk-Meß-Geräte entwickelt und eingesetzt worden, von denen hier nur die bekanntesten kurz aufgezeigt werden können:

- FuMG Freya (A1) — war ein Rundumsuchgerät und wurde vor allem als Vorwarngerät eingesetzt.
- FuMG 39L, 40L (A2) — waren Peilgeräte der Firma Lorenz, die auch in geringer Stückzahl als Schießgeräte eingesetzt wurden.
- FuMG 62 (39T "Würzburg" A-D) — hiervon wurden etwa 4.000 Geräte geliefert.
- FuMG 63 (40T) — von diesem Gerät "Mainz" wie auch von
- FuMG 64 (41T) — diesem Gerät "Mannheim" wurden die Meßwerte automatisch über das Übertragungsgerät 37 an das Kommandogerät übertragen.
- FuMG 65 — wurde unter der Bezeichnung "Würzburg Riese" bei Großbatterien, auf Flaktürmen und beweglich auf Eisenbahnwagen montiert eingesetzt.
- FuMG 64 "Ansbach" und FuMG 74 "Kulmbach" — kamen nur in geringer Stückzahl zum Einsatz, ebenso die Typen FuMG 75 "Mannheim Riese", FuMG 76 "Marbach" und FuMG 77 "Marbach V".

Das FuMG ist mit einer Sichtblende umgeben. Dahinter steht abgedeckt ein Scheinwerfer in Stellung. (BA)

Das am meisten eingesetzte Gerät FU MG 39T "WÜRZBURG" hatte einen zweiteiligen Antennen-Parabolspiegel von 3 m Durchmesser. In dessen Mitte saß ein Umlaufdipol auf einer konischen Dipolsäule, der mit einer Schutzklappe versehen war. Der Parabolspiegel war an einem Drehturm montiert, der auf einem Sockel stand. Am Turm selbst befanden sich noch der Sende-, Empfangs- und Netzschrank und zwei Sitze für den Seiten- und Höhenwinkelableser. An der rechten Seite des Turmes war der sog. Ausleger mit einem Richtsitz für den B2, ausgestattet mit Beinschützern und Fußheizung sowie Fußschalter und das Seitenrichthandrad. Außerdem gehörten zum Ausleger das Übersichtsrohr mit Entfernungseinteilung, das Seiten- und Höhenrichtrohr.

Die E-Meßgenauigkeit bei ± 80 m bis ± 120 m war für die Lieferung von Schußwerten zunächst noch unbefriedigend. Sie wurde sehr bald durch den D-Zusatz auf ± 25 bis ± 40 m verbessert. Auch die Peilgenauigkeit der Höhe und Seite nach wurden mehr und mehr verbessert, so daß das Gerät schließlich sehr brauchbare Werte für das Kommandogerät lieferte. Die zunächst fernmündlich übertragenen Meßwerte für Entfernung, Seite und Höhe wurden von dem FuMG 63 elektrisch mit dem Folgezeigersystem 37 an das Kommandogerät übertragen. Das Gewicht des Gerätes betrug 1.500 kg. Fahrbar war es mit dem Sonderanhänger 104, bei dem beide einachsigen Fahrgestelle austauschbar waren.

Das größere FU MG 41T "MANNHEIM" war auf dem Sonderanhänger 204 transportfähig, bei dem ebenfalls beide einachsigen Fahrgestelle austauschbar waren. Das Gerät stand auf einem Lafettenkreuz. In dem geschlossenen Bedienungsstand waren Sitzbänke für B1, B2 und B3 mit Fußheizungen. Die Kabinenrückwand bestand aus einer Plane, in den Seitenwänden waren Türen mit Fenstern.

Weil die Fertigung dieser beiden Standartgeräte weit unter dem eigentlichen Bedarf lag, wurden ab August 1944 einige Großraumbatterien an ein Gerät angeschlossen.

Nachdem der Engländer bei einem Kommandounternehmen 1942 die wichtigsten Bauteile eines deutschen FuMG erbeutet hatte, entwickelte er Störmittel, um diese Ortungsgeräte auszuschalten. Bei einem mehrtägigen Großangriff 1943 auf Hamburg warf er erstmalig große Mengen Aluminiumfolie, sogenannte Düppel, ab, die als Leuchtzacken auf der Braunschen Röhre der FuMG erschienen und so eine Erkennung des Flugzieles unmöglich machten. Durch Zusatzgeräte wie "Würzlaus", "Tastlaus", "Taunus" und "Windlaus" oder "K-Laus" versuchte man diese Störungen auszuschalten, was praktisch einem Krieg der Radartechniker gleich kam.

Mehr kann jedoch im Rahmen dieses Buches zur Entwicklung der Funkmeßgeräte nicht gesagt werden, da dieses Kapitel zu umfangreich ist.

Das Bild links zeigt ein FuMG 39 T (D2) mit einem Laufrost aus Holz, der in einer Höhe von 35 bis 45 cm um das Gerät verlief. "Alarm!" Die Gerätebedienung eilt auf ihre Plätze. Links springt der B_6 in seinen Sitz vor dem Höhengradbogen, um die Höhe zu übertragen. Der B_5 läuft zum Ablesekasten für den Seitenwinkel. Der B_1 steht vor dem Geräteschrank am Entfernungsfeinmeßgerät. Der B_3 steht vor dem Höhenrichtrohr und der B_2 sitzt ganz rechts im Richtsitz. (BA)

Dieses FuMG 39 T gehört zu einer 8,8 cm Flak-Batterie, die an der Küste in Nordfrankreich eingesetzt war. Der mit Sandsäcken ausgebaute Gerätestand bot der Bedienung bei der Arbeit nur geringen Splitterschutz. Der zweiteilige Parabolspiegel mußte über der Brüstung stehen, da sonst kein einwandfreies Messen möglich war. Rechts sieht man den Kabelverlauf zum Stand des Feuerleitgerätes, der Befehlsstelle 1. Hinter dem FuMG liegen die Geschützstände so gestaffelt, daß alle vier Geschütze freies Schußfeld zur Küste und aufs Meer hatten. (BA)

Hier die Stellung eines FuMG 39 T in den Bergen von Feodosia.

Rechts steht ein FuMG 39 T (D2) mit einem Umlaufrost aus Holz. Der zweiteilige Antennen-Parabolspiegel am Drehturm hatte einen Durchmesser von 3 m. In seiner Mitte ist auf der konischen Dipolsäule der Umlaufdipol mit einer Schutzkappe zu sehen. Der B_2 sitzt am Ausleger in seinem Richtsitz mit Beinschützern, in denen Fußschalter und Fußheizung eingebaut waren. Vor ihm liegt das Seitenrichthandrad und in Augenhöhe ist das Seitenrichtrohr. Die Kopfhörer waren im Zusammenhang mit dem Zusatzgerät "Steinhäger" oder "Nürnberg" erforderlich, die gegen Düppelstörungen des Gegners eingesetzt wurden. (BA)

Auf dem Bild unten links beobachtet der B_2 die waagerechten Lichtstriche in seinem Seitenrichtrohr, während der B_3 neben ihm die senkrechten Lichtstriche im Höhenrichtrohr kontrolliert. (BA)

An diesem FuMG sind im Parabolspiegel die Abschußerfolge eingezeichnet, an denen die Gerätebedienung beteiligt war.

Dieses FuMG gehört zu der Ausführung 39 T (D4) "Würzburg". Diese Geräte hatten äußerlich statt des Holzumlaufrostes einen Metallrost 65 bis 75 cm über dem Boden. Der empfindliche Dipol ist oben mit einer kleinen Schutzplane versehen. (BA)

Links noch einmal der B_2 in seinem Richtsitz vor dem Seitenrichtrohr. Hinter ihm steht der Meßtruppführer mit Kehlkopfmikrophon und Kopfhörer. Neben ihm steht der B_3 am Höhenrichtrohr. (BA)

Unten eine Skizze vom Geräteschrank.

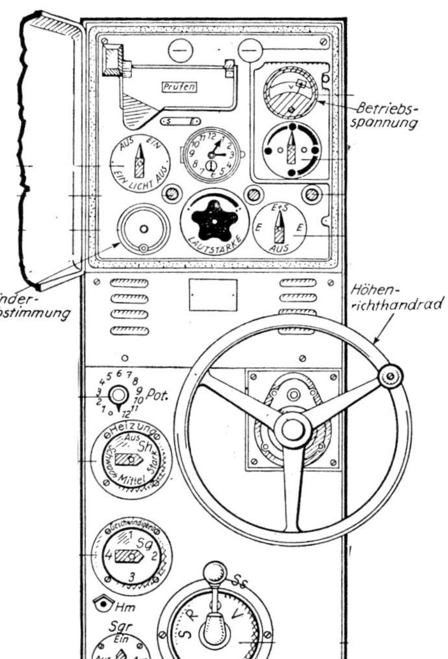

Oben: Auf dem Eisenbahnflak-Spezialwagen ist ein FuMG 62 (39 T-D4) fest versockelt. Die erhöhte Plattform des Gerätes ragt seitlich im abgeklappten Zustand weit über die Wagenseite hinaus, so daß dieser nur da in Stellung fahren konnte, wo es auf den Nachbargleisen keinen Fahrbetrieb gab. Die Mannschaftsunterkunft steht auf dem gleichen Wagen neben dem Gerät. An der Unterkunftswand ist das Zeichen der Eisenbahnflak zu erkennen. (BA)

Rechts eine Ansicht vom FuMG 62 "Würzburg" mit Umlaufrost, Drehturm, Parabolspiegel, Höhengradbogen und Sitz für den B_6.

Für die Luftnachrichtentruppen, für die Jägerführung, aber auch für die 12,8 cm-Flak-Zwilling auf den Flaktürmen war das FuMG 65 "Würzburg Riese" ein wertvolles Gerät. Einige davon standen entlang der Kanalküste, um Anflüge möglichst früh erkennen und weiter melden zu können. Das Bild oben zeigt eines dieser Geräte bei Boulogne vor der Invasion. (BA) Wegen seines hohen Gewichtes von 8 t war es allerdings nur ortsfest versockelt oder auf Eisenbahnwagen montiert einsetzbar. Der Durchmesser des Parabolspiegels betrug 7,5 m. Die Peilweite war je nach Einsatzort 50 bis 80 km weit, die Peilgenauigkeit betrug ± 1,5 bis 1,8/16 Grad.

Links ein FuMG 65 im Einsatz.

Das Bild oben zeigt die interessante FuMG-Anlage "Egerland". Sie bestand aus einem Rundumsuchgerät, dem FuMG 74 "Kulmbach", rechts. Das suchte den Zielraum laufend ab. Wurde ein Ziel aufgefaßt, so wurde das FuMG 76 "Marbach", links im Bild, auf dieses Ziel eingewiesen. Das "Marbach-Gerät" lieferte dann genauere Ortungswerte an das Kommandogerät einer Flakbatterie. Diese FuMG-Anlage gab es nur in geringer Zahl. (BA)

Bild rechts zeigt das FuMG 76 "Marbach" der Firma Telefunken. Es hatte einen Spiegeldurchmesser von 4,5 m. Seine Peilweite war etwa 50 km, die Peilgenauigkeit betrug ±1/16 Grad der Seite und Höhe nach.

Das Funkmeßgerät "Freya" (A1) von der Firma Lorenz war zwar ein Rundumsuchgerät und eigentlich nur als Vorwarngerät geeignet, wurde aber 1940 in Ermangelung eines genaueren Gerätes in einer 10,5 cm-Flakbatterie bei Düsseldorf auch zur Einweisung des Kommandogerätes und eines daneben stehenden Scheinwerfers eingesetzt. Dieser wurde allerdings sehr bald wieder verlegt, da er beim Aufleuchten die ganze Stellung erhellte. Die vom "Freya-Gerät" fernmündlich übermittelten Richtwerte waren zwar noch nicht sehr genau, doch konnte zumindest der Sperrfeuerriegel genauer gelegt werden. Das Gerät stand damals unter höchster Geheimhaltungsstufe. Außer der Bedienung hatte niemand Zutritt zu dem abgesperrten Standort des Gerätes. (BA)

Zu Beginn des Krieges stellten die Engländer sehr bald Tagesangriffe, die sie vereinzelt geflogen waren, wegen zu hoher Verluste ein. Sie flogen nun nur noch Nachtangriffe auf westdeutsche Städte. Die Erfolgsaussichten der Flak waren bei der Bekämpfung dieser Angriffe geringer geworden. Sie war auf die Bekämpfung optisch erfaßbarer Ziele eingestellt. Da aber die Erfassung der Ziele nachts durch Scheinwerfer schwieriger war, als man es in Friedenszeiten angenommen hatte, stellten sich erst mit dem Einsatz von FuMG wieder bessere Erfolge ein. Als später die Amerikaner mit ihren viermotorigen B-17 Bombern Tagesangriffe flogen, sah der Himmel über deutschen Städten beim Abwehrfeuer durch schwere Flak so aus, wie auf dem Bild oben. Nachts dagegen flog nach wie vor der Engländer ein,

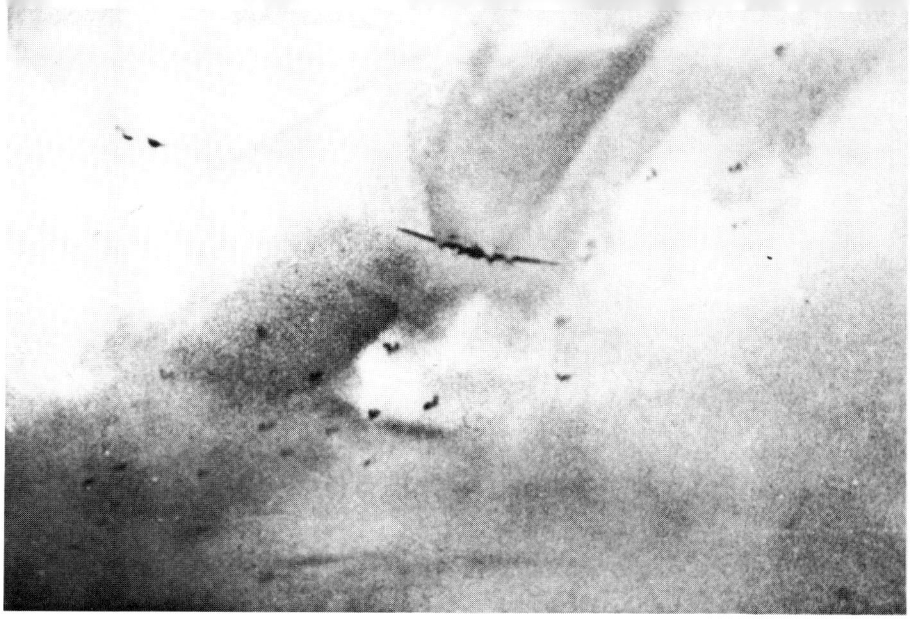

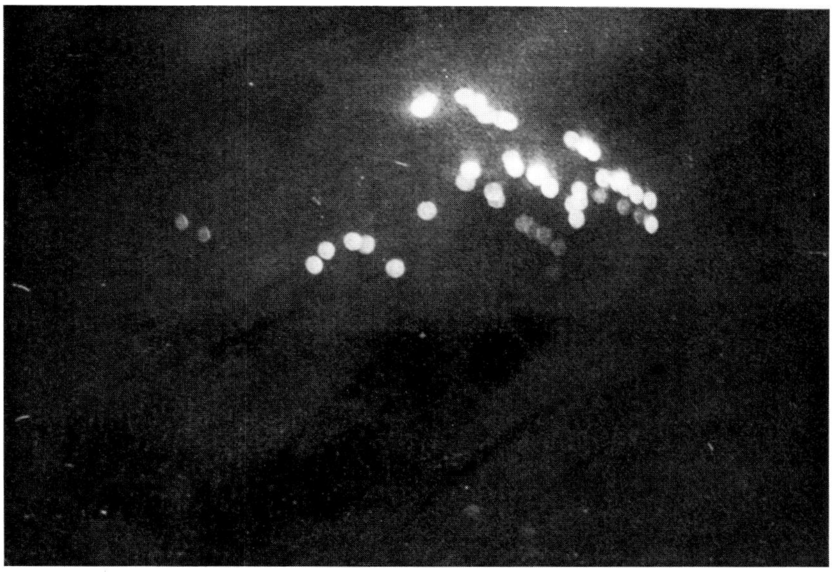

und die Sprengpunkte der Flak blitzten auf, wie auf dem mittleren Bild zu sehen ist. Die Wirkung der Flak, wie auf dem Bild unten, wurde vom Gegner hoch eingeschätzt. So gab die 9. US Luftflotte an, daß 49,6 Prozent der Abschüsse und 92,9 Prozent der Flugzeugbeschädigungen die deutsche Flak erzielt hätte. Von deutscher Seite wurde 1944 ein durchschnittlicher Munitionsverbrauch im Monat angegeben: Für die 8,8 cm Flak 1.749.300 Schuß, für die 10,5 cm Flak 199.800 Schuß, für die 12,8 cm Flak 73.700 Schuß. Statistisch war mit dem Abschuß eines viermotorigen Bombers zu rechnen bei einem Einsatz von:

16.000 Schuß der 8,8 cm Flak 36/37
8.500 Schuß der 8,8 cm Flak 41
6.000 Schuß der 10,5 cm Flak 39
3.000 Schuß der 12,8 cm Flak 40

Alltag in einer Flak-Stellung. Auf Wache oder auf Flugmeldeposten stehen, im Alarmfall aber in Sekundenschnelle feuerbereit sein.

ANHANG: BALLISTISCHE DATEN

GESCHÜTZ-MODELL	8,8 cm 18, 36, 37	8,8 cm 41	8,8 cm 37/41	10,5 cm 38/39	12,8 cm 40	12,8 cm Zwilling	15,0 cm 50/55
Kaliber	88	88	88	105	128	128	150
Rohrlänge mm	4,930	6.548	7.027	6.648	7.835	7.835	–
Gezogener Teil mm	4.124	5.411	5.850	5.531	6.478	6.478	–
Zahl der Züge	32	32	32	36	40	40	–
Rohrrücklauf mm	850 – 1.050	900 – 1.200	–	830 – 900	1.000 – 1.300	1.000 – 1.300	–
Feuerleitgerät	Kdo.Hi. 35 Kdo. 36 u. 40	Kdo. 40	Kdo. 40	Kdo. 36 u. 40	Kdo. 40	Kdo. 40	–
Übertragungsgerät	30 u. 37	37	37	30 u. 37	37	37	–
Schwenkbereich der Seite nach	360°	360°	360°	360°	360°	360°	360°
Schwenkbereich der Höhe nach	-3° bis +85°	-3° bis +90°	-3° bis +85°	-3° bis +85°	-3° bis +87°	0° bis +87°	–
Feuergeschwindigkeit Sch/min	15 bis 20	20 bis 25	15 bis 20	12 bis 15	10 bis 12	20 bis 24	9
Feuerstellung Länge mm	7.620	9.658	7.700	8.420	15.000	9.120	–
Feuerstellung Breite mm	2.305	2.400	2.400	2.450	2.500	5.045	–
Feuerstellung Höhe mm	2.418	2.360	2.600	2.900	3.550	2.950	–
Feuerhöhe mm	1.600	1.250	1.600	1.800	2.300	–	–
Sonderanhänger 2-achsig	201/202	202	202	203	220	2-203	–
Gewicht in Fahrstellung kg	7.200	11.200	9.300	14.600	27.000	–	–
Gewicht in Feuerstellung kg	5.000	8.000	7.111	10.240	18.000	27.000	22.200
V_0 Sprenggranate m/sek	840	1.000	1.000	880	880	880	890
V_0 Panzergranate m/sek	795	980	980	860	860	860	850
Schußweite maximal m	14.860	19.800	19.800	17.700	20.900	20.900	–
Schußhöhe maximal m	10.600	14.700	14.700	12.800	14.800	14.800	15.200
Zünderreichweite m	10.600	12.350	12.350	11.800	12.800	12.800	–
Sprenggranate Patrone kg	14,7	19,2	19,2	26,0	47,7	47,7	–
Panzergranate Patrone kg	15,3	19,8	19,8	26,1	46,5	46,5	–
Geschoßgewicht Granate kg	9,5	9,4	9,4	15,1	26,0	26,0	40,0

Heute kann man die 8,8 cm Flak 18 (Bild oben) in der "Wehrtechnischen Studiensammlung" in Koblenz besichtigen.
Die 8,8 cm Flak 37 (Bild unten) steht beim Heeresflugabwehrbataillon 5 in Lorch am Rhein.